Aprende y demuestra

GRADO K

Printed in the U.S.A.

ISBN 978-1-328-52258-0

13 2024

4500887439 r8.23

Contenido

MÓDULO **7**

MÓDULO **8**

MÓDULO **9**

Nombre ______________________________

La vocal Oo

Esta es la O mayúscula. Esta es la o minúscula.

Colorea O y o de rojo.

Subraya la O mayúscula. Encierra en un círculo la o minúscula.

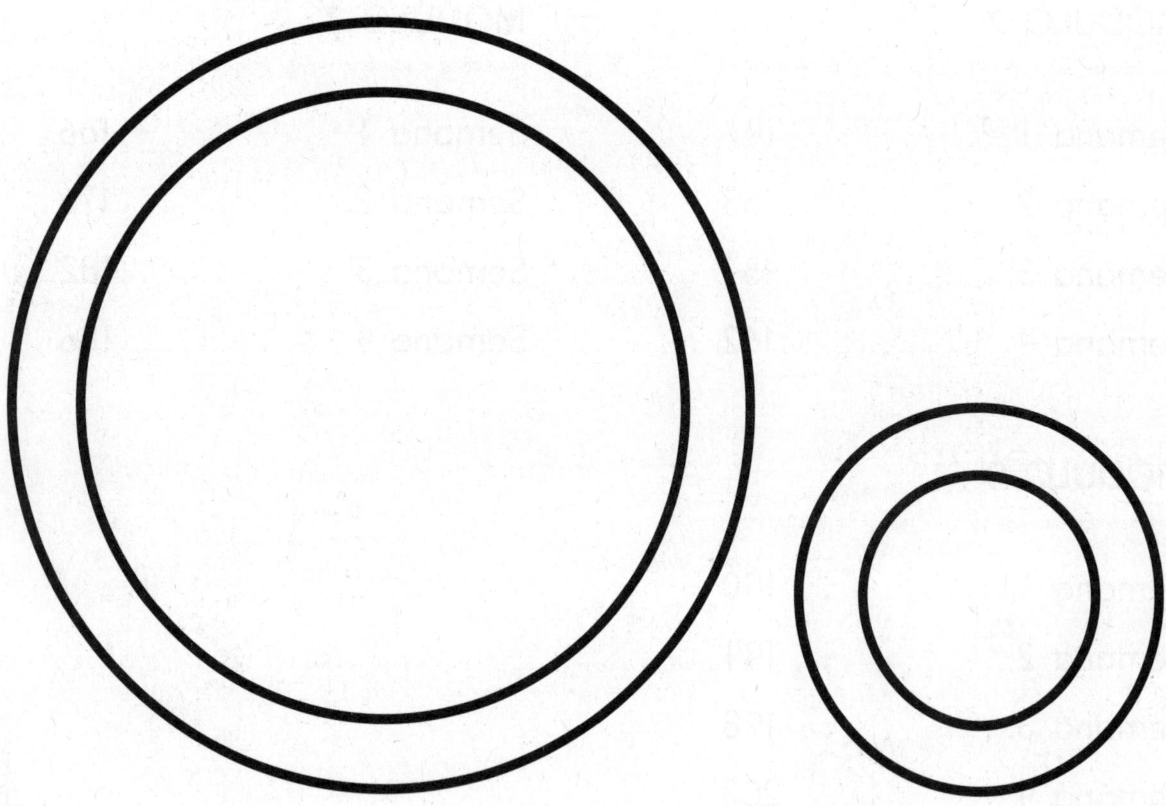

Dibuja una cosa que empiece con o.

Nombre ______________________________

Lee y reconoce

Lee y reconoce estas palabras para ser un mejor lector.

Lee la palabra.	Colorea la palabra.
el	el
Lee la palabra.	Colorea la palabra.
la	la

Encierra las palabras en un círculo.

el	lo	las
al	la	le
les	el	la

Nombre ______________________________

Identificar palabras en oraciones

Las oraciones están formadas por palabras individuales.

Escucha las oraciones.

Colorea un círculo por cada palabra.

1.

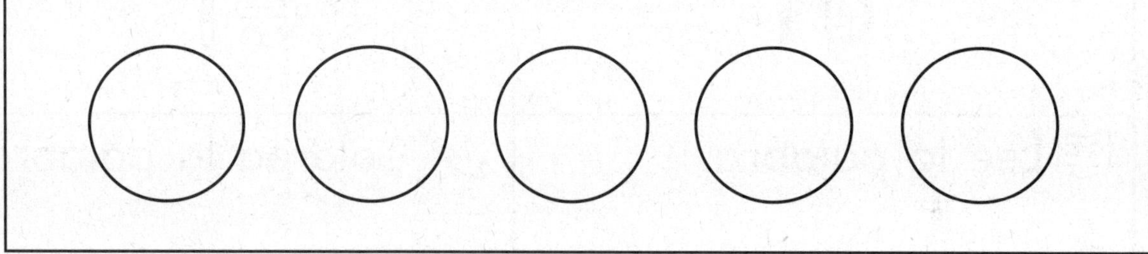

2.

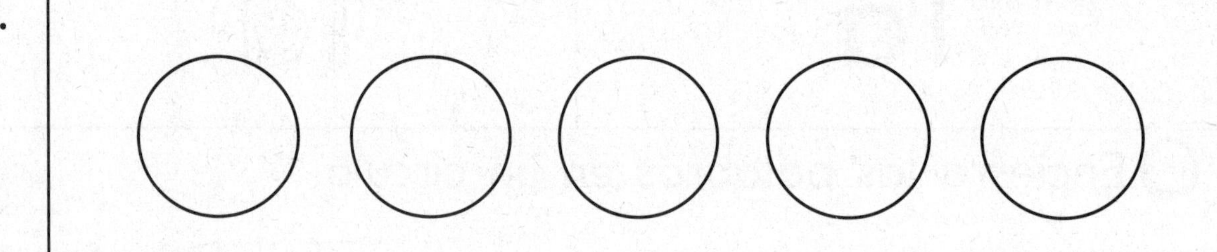

3.

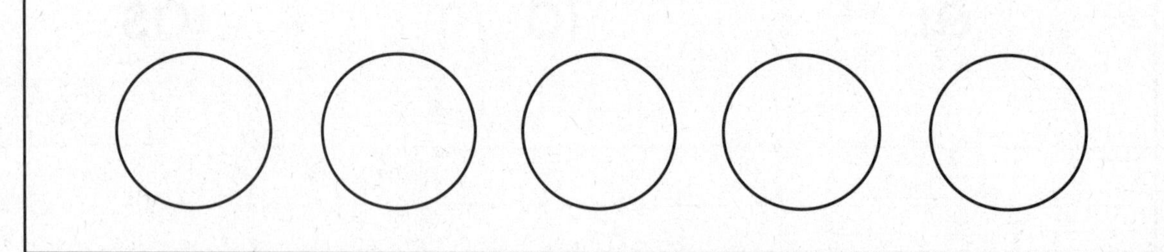

4.

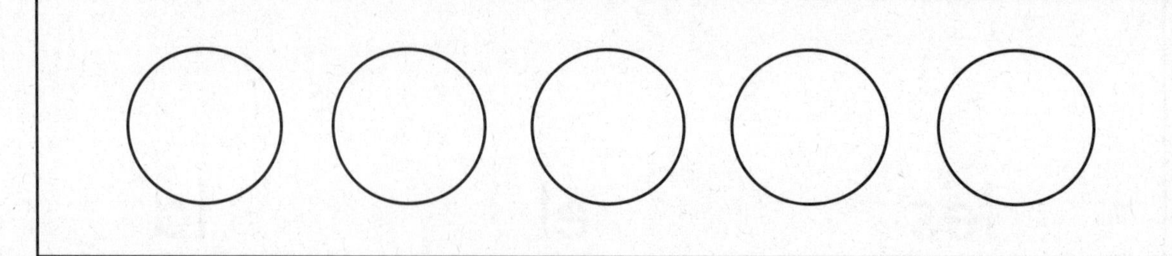

Nombre ___

La letra Oo

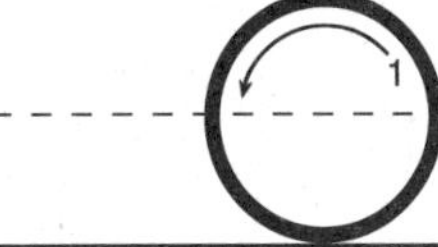

1. Empieza justo abajo del punto más alto. Dibuja un círculo hacia atrás.

1. Empieza justo abajo del medio. Dibuja un círculo hacia atrás.

oso

Traza y escribe las letras.

Encierra en un círculo la mejor.

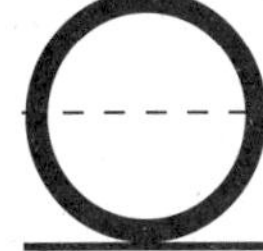  

Nombre ______________________________

La vocal Ii

Esta es la I mayúscula. Esta es la i minúscula.

Colorea I e i de amarillo.

Subraya la I mayúscula. Encierra en un círculo la i minúscula.

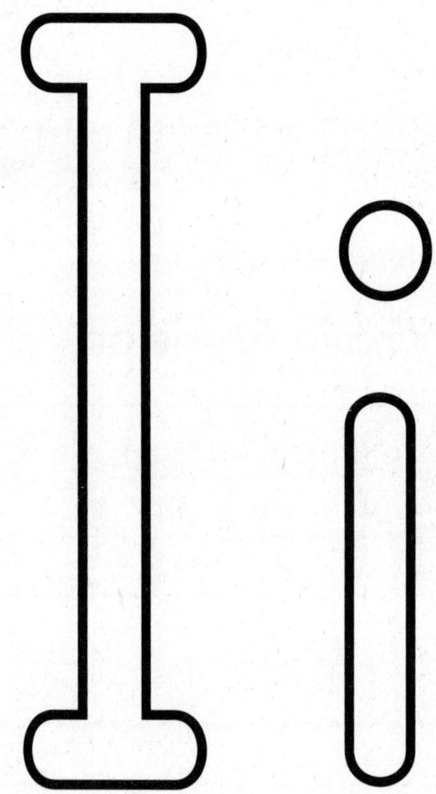

Dibuja una cosa que empiece con i.

Nombre ______________________________

La letra Ii

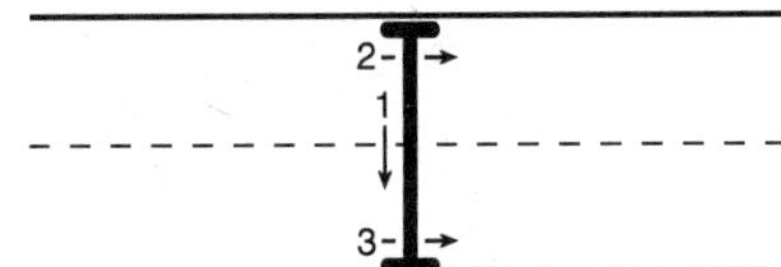

1. Empieza arriba. Baja en línea recta.
2. Vuelve arriba. Dibuja una línea corta hacia la derecha.
3. Vuelve abajo. Dibuja una línea corta hacia la derecha.

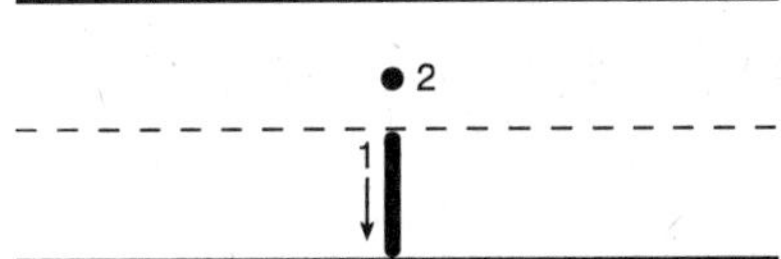

1. Empieza en el medio. Baja en línea recta.
2. Sube y marca un punto.

iglú

Traza y escribe las letras.

Encierra en un círculo la mejor.

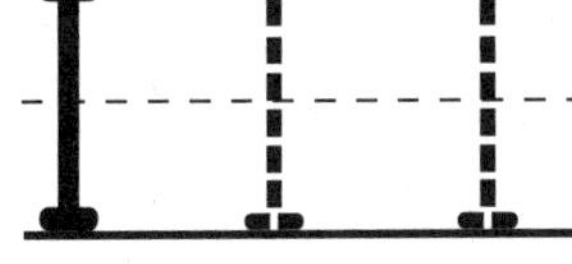

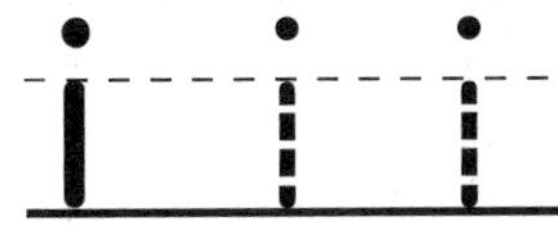

Nombre ______________________________

Las letras Oo, Ii

Traza y escribe las letras.

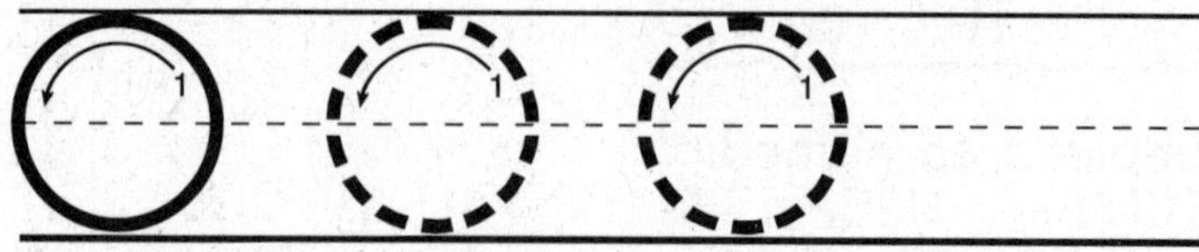

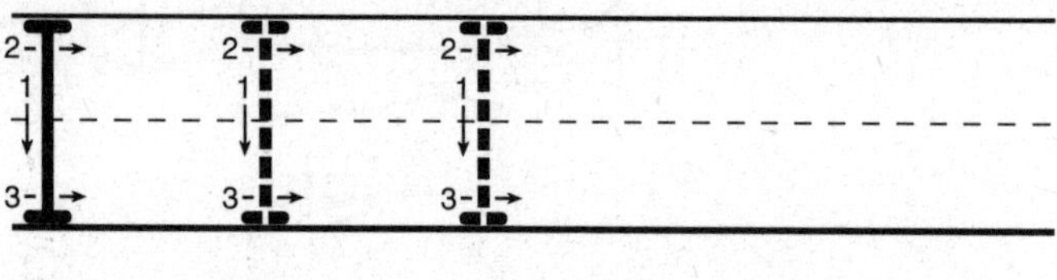

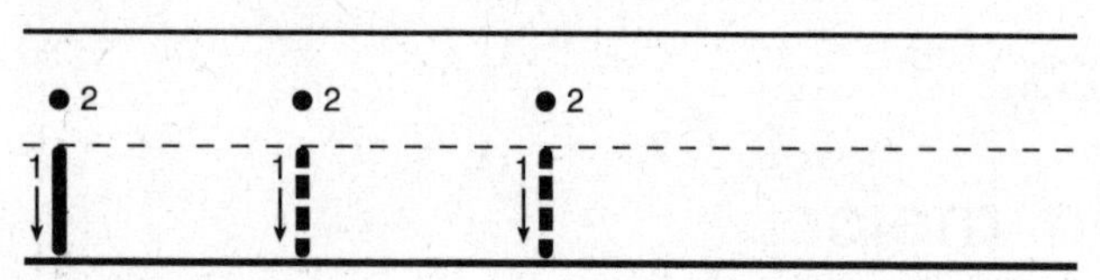

Escribe las letras para completar las palabras.

	oreja	___ reja
	isla	___ sla
	fideos	f ___ de ___ s

Nombre ________________________________

La vocal Aa

Esta es la A mayúscula. Esta es la a minúscula.

Colorea A y a de anaranjado.

Subraya la A mayúscula. Encierra en un círculo la a minúscula.

Dibuja una cosa que empiece con a.

Nombre ______________________________

La vocal Uu

Esta es la U mayúscula. Esta es la u minúscula.

Colorea U y u de azul.

Subraya la U mayúscula. Encierra en un círculo la u minúscula.

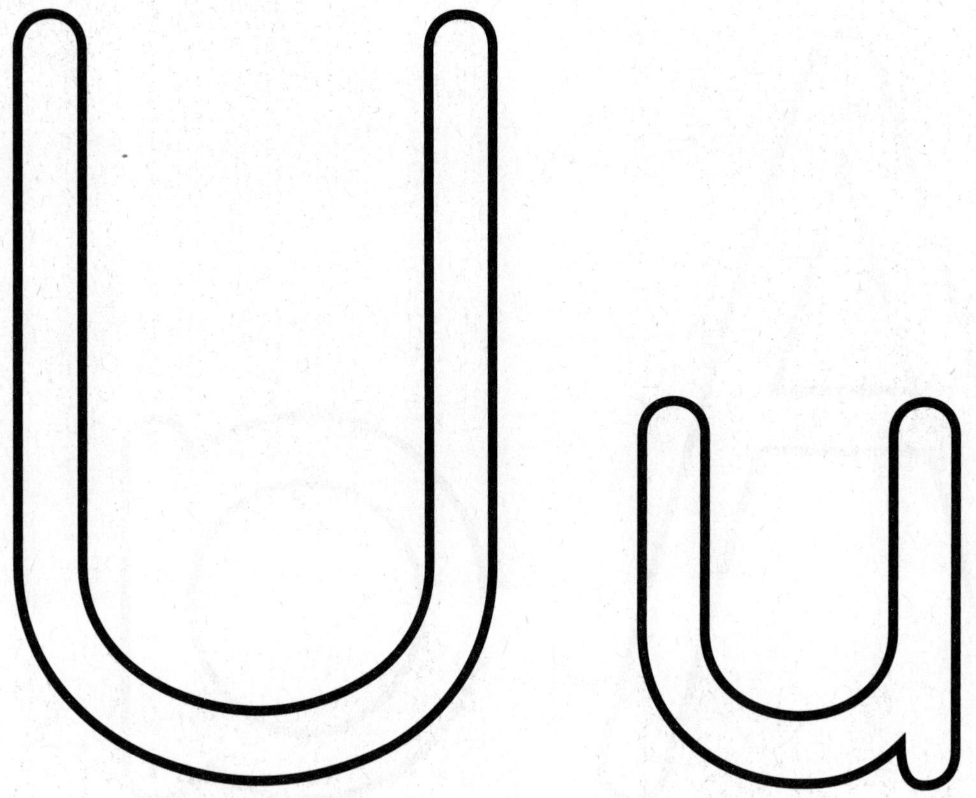

Dibuja una cosa que empiece con u.

Nombre ______________________________

Lee y reconoce

Lee y reconoce estas palabras para ser un mejor lector.

Lee la palabra.	Colorea la palabra.
un	un
Lee la palabra.	**Colorea la palabra.**
una	una

Encierra las palabras en un círculo.

el	la	un
una	no	aun
un	al	una

Nombre ______________________________

Identificar palabras en oraciones

Las oraciones están formadas por palabras individuales.

Escucha las oraciones.

Encierra en un círculo la cantidad de palabras que hay en cada oración.

1. ●● ●●● ●●●●

2. ●● ●●● ●●●●

3. ●● ●●● ●●●●

4. ●● ●●● ●●●●

Nombre ______________________

La letra Aa

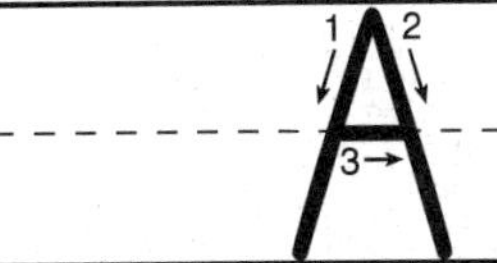

1. Empieza arriba. Baja en diagonal hacia la izquierda.
2. Vuelve arriba. Baja en diagonal hacia la derecha.
3. Párate en el medio. Dibuja una línea hacia la derecha.

1. Empieza justo abajo del medio. Dibuja un círculo hacia atrás.
2. Baja en línea recta.

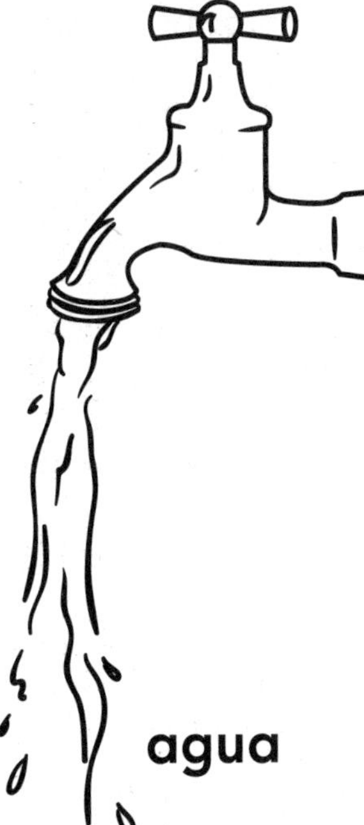

agua

 Traza y escribe las letras.

Encierra en un círculo la mejor.

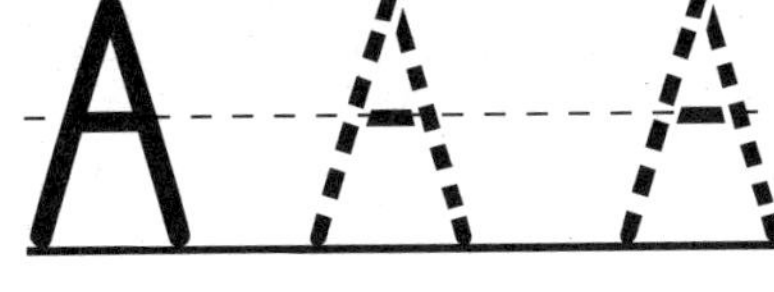

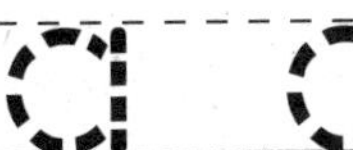

Nombre ______________________________

La letra Uu

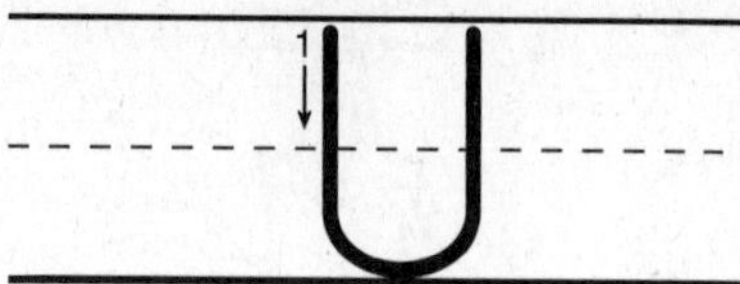

1. Empieza arriba. Baja en línea recta, dibuja una curva hacia la derecha y sube en línea recta.

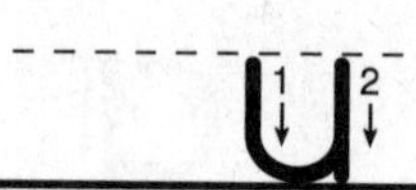

1. Empieza en el medio. Baja y dibuja una curva hacia la derecha.
2. Baja en línea recta.

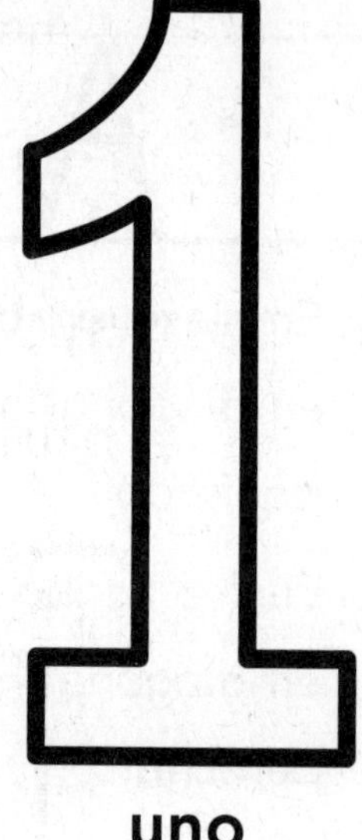

uno

Traza y escribe las letras.

Encierra en un círculo la mejor.

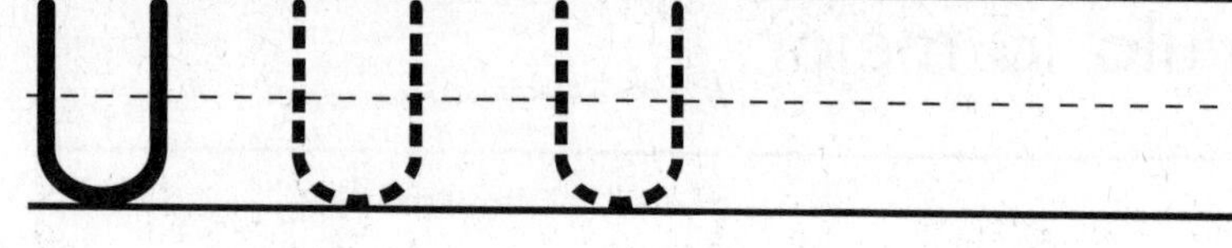

Nombre ______________________________

La vocal Ee

Esta es la E mayúscula. Esta es la e minúscula.

Colorea E y e de verde.

Subraya la E mayúscula. Encierra en un círculo la e minúscula.

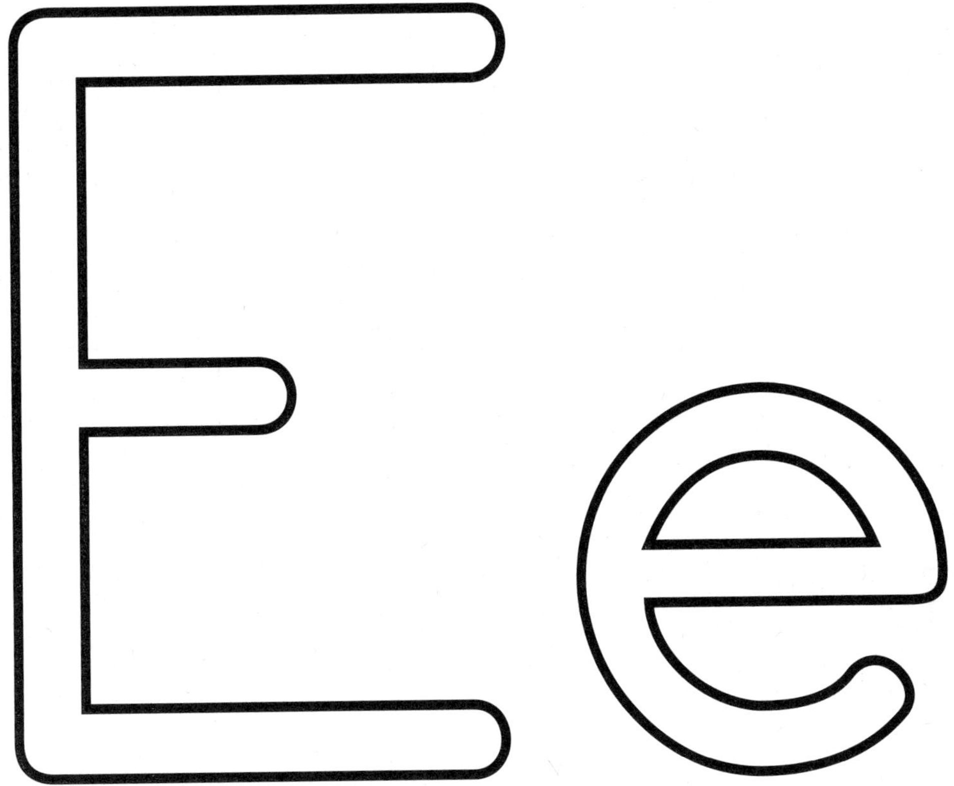

Dibuja una cosa que empiece con e.

Nombre ___________________________

La letra Ee

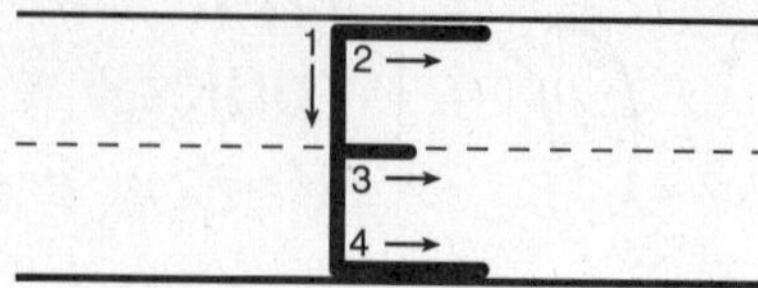

1. Empieza arriba. Baja en línea recta.
2. Vuelve arriba. Dibuja una línea hacia la derecha.
3. Párate en el medio. Dibuja una línea corta hacia la derecha.

1. Empieza entre el medio y la base. Dibuja una línea hacia la derecha. Dibuja una curva hacia atrás y abajo.

elefante

Traza y escribe las letras.

Encierra en un círculo la mejor.

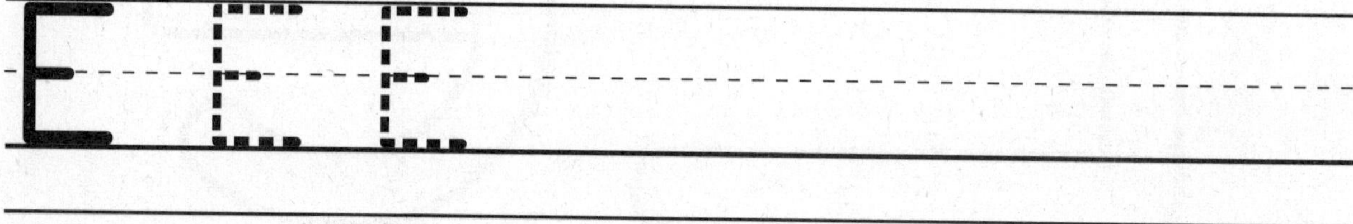

Nombre ______________________________

La letra Aa

 Traza y escribe las letras.

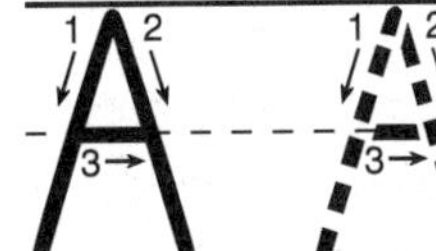

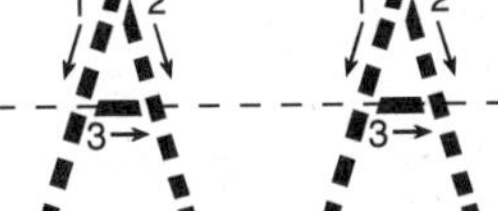

Sostén el lápiz entre el pulgar y los dedos índice y medio.

 Escribe las letras para completar las palabras.

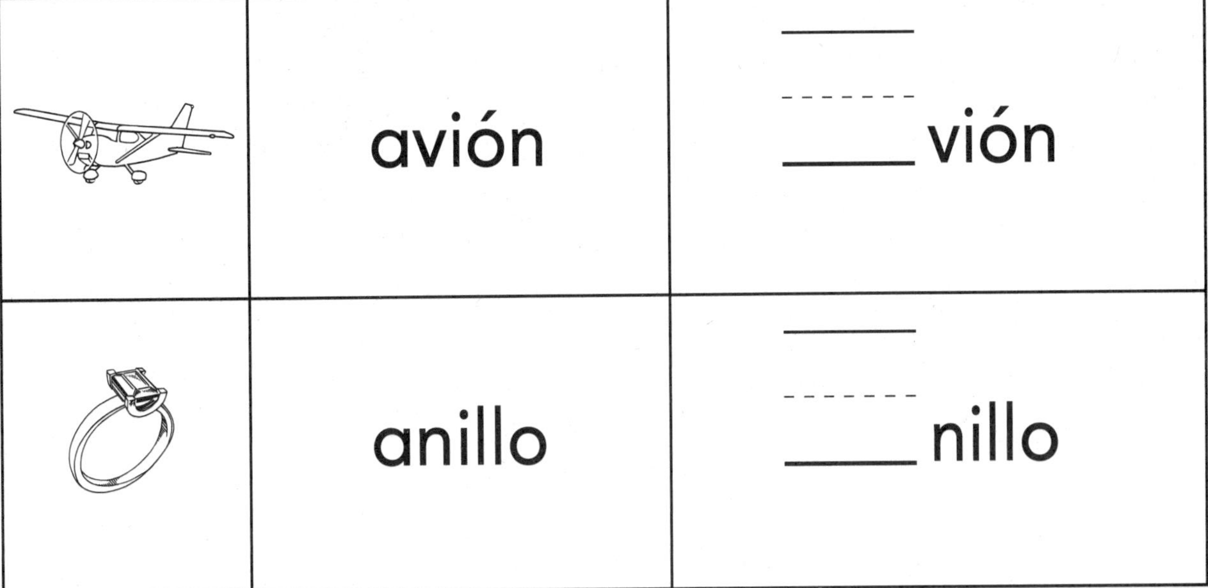

	avión	____vión
	anillo	____nillo

Nombre ______________________________

Las letras Uu, Ee

Traza y escribe las letras.

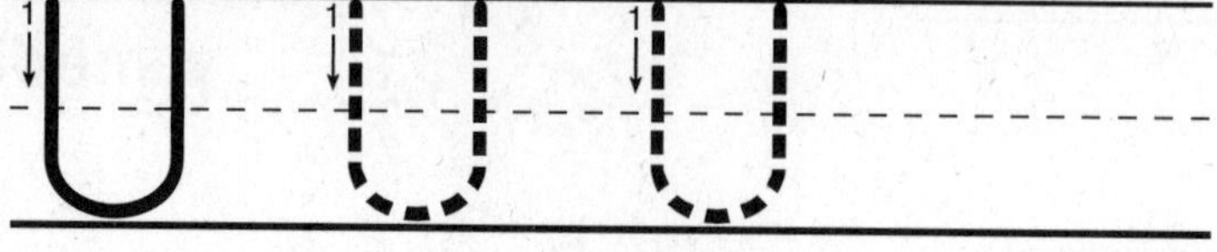

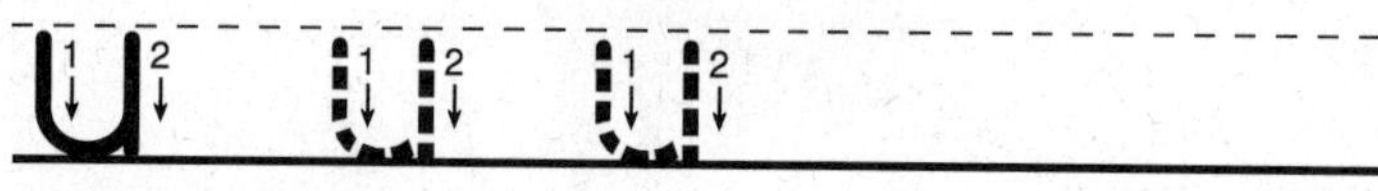

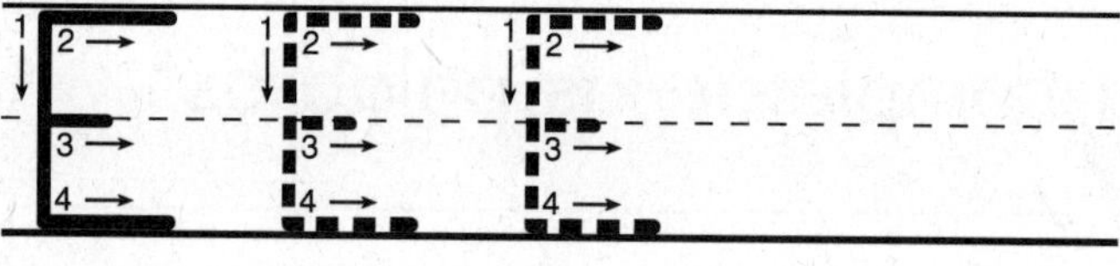

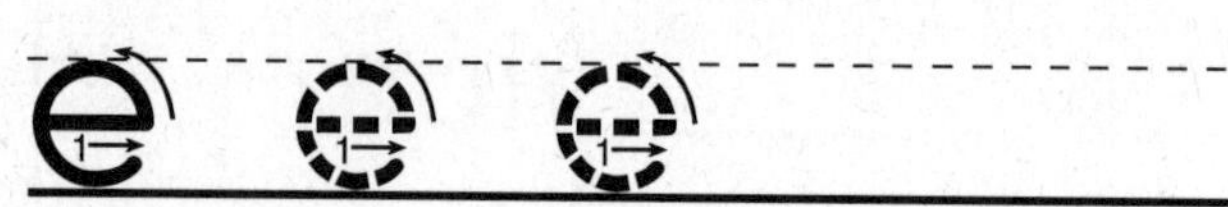

Escribe despacio y con seguridad

Haz tres líneas hacia la derecha para la *E*.

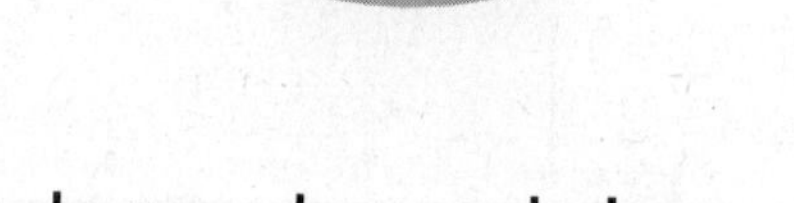

Escribe las letras para completar la palabra.

1	uno	____no
	erizo	____ rizo
	muñeca	m____ñ ____ca

Nombre ______________________________

Lee y reconoce

Lee y reconoce estas palabras para ser un mejor lector.

Lee la palabra.	Colorea la palabra.
en	en
Lee la palabra.	Colorea la palabra.
las	las

Encierra las palabras en un círculo.

en	las	la
al	en	le
sal	les	las

Nombre ______________________________

Las letras Aa, Ee

Las letras representan sonidos. Puedes identificar y relacionar los sonidos con las letras que los representan para completar palabras.

Escribe las letras para completar las palabras.

	____ nillo
	____ rizo
	____ strella
	____ raña
	cam ____
	llav ____

Nombre ______________________________

Identificar la sílaba inicial

Las palabras están formadas por sílabas. La primera sílaba es la sílaba inicial.

Escucha las palabras y las sílabas.

☑ Pon una marca en el recuadro si la sílaba que escuchas es la primera de la palabra.

1. ☐
2. ☐
3. ☐
4. ☐
5. ☐
6. ☐
7. ☐

Nombre ______________________________

Las letras Ii, Oo, Uu

Las letras representan sonidos. Puedes identificar y relacionar los sonidos con las letras que los representan para completar palabras.

Escribe las letras para completar las palabras.

	___sla
	___reja
1	___no
	libr___
	tax___
	___ña

Nombre ______________________________

Las vocales

Las letras representan sonidos. Puedes identificar y relacionar los sonidos con las letras que los representan. Eso te ayudará a leer y también a escribir.

Conecta los dibujos con las vocales de su nombre.

U

¡Ahora escribe tu nombre! Encierra en un círculo las vocales.

____

Nombre ____________________

La letra Mm

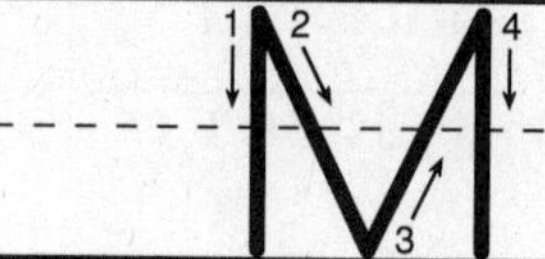

1. Empieza arriba. Baja en línea recta.
2. Vuelve arriba. Baja en diagonal hacia la derecha.
3. Sube en diagonal hacia la derecha.
4. Baja en línea recta.

1. Empieza en el medio. Baja en línea recta.
2. Sube, dibuja una curva hacia delante y baja en línea recta.
3. Sube, dibuja una curva hacia delante y baja en línea recta.

manzana

 Traza y escribe las letras.

Encierra en un círculo la mejor.

M M M

m m m

Nombre ______________________________

Lee y reconoce

Lee y reconoce esta palabra para ser un mejor lector.

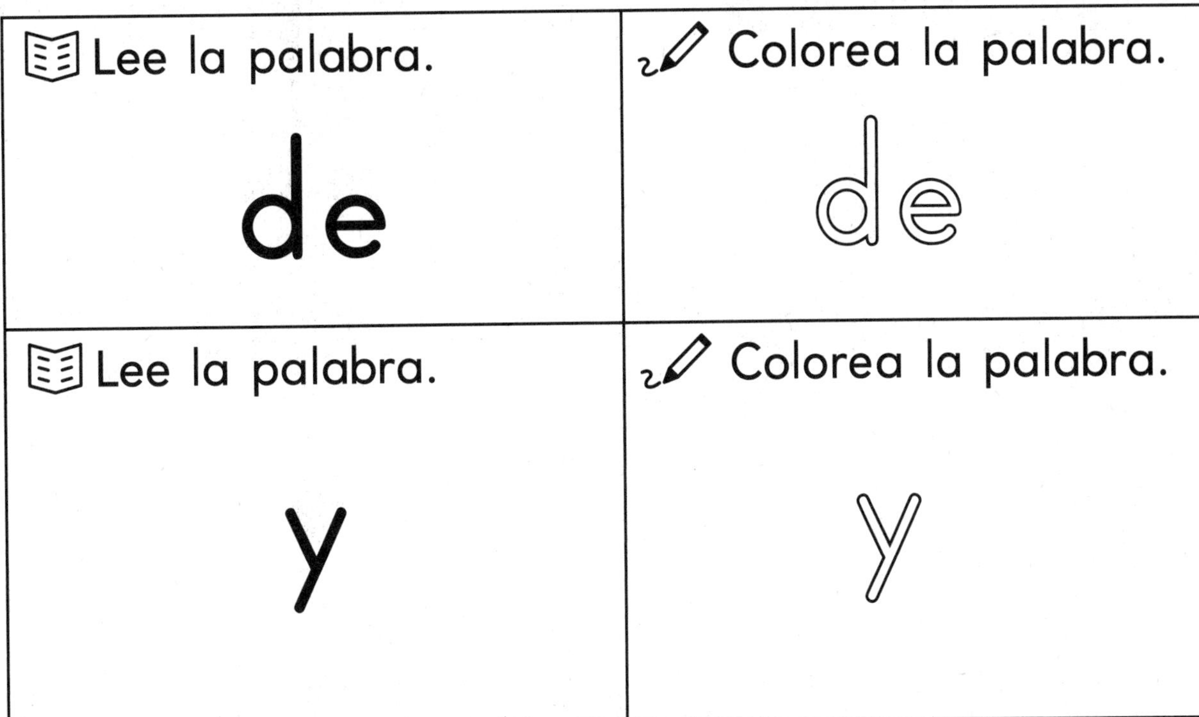

Encierra las palabras en un círculo.

el	de	un
y	una	de
y	las	en

Nombre ____________________

La letra Mm

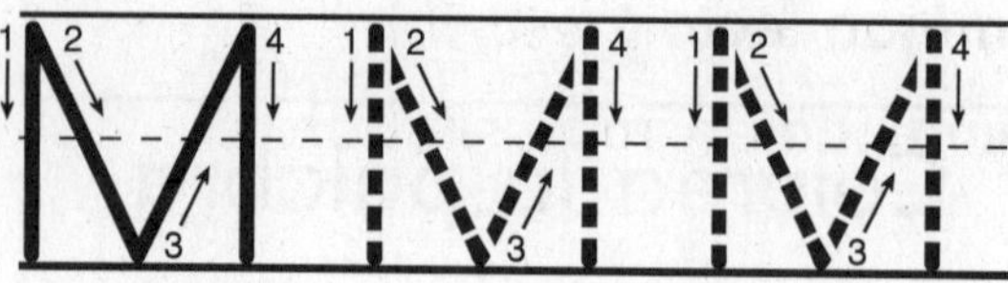

Escribe prestando atención.

Traza y escribe las palabras.

mimo

me

mima

Traza y escribe la oración.

Mami me mima.

Nombre ______________________________

Clasificar palabras: Sílabas con *m*

Relacionar las letras con los sonidos te ayuda a leer y escribir. Recuerda que las palabras pueden tener una, dos o más sílabas.

Lee las palabras.

mimo	mi	me	mamá
mí	ama	amé	

Escribe las palabras en la tabla según si la palabra con *m* tiene una o dos sílabas.

1 sílaba	2 sílabas
______________	______________
______________	______________
______________	______________
______________	______________

Nombre ______________________________

Identificar sílabas que se repiten

Cuando la sílaba o el sonido inicial de varias palabras se repite, hay aliteración.

Nombra la imagen y separa la palabra en sílabas. Identifica la primera sílaba.

Colorea de café si empieza con la sílaba de o de azul si empieza con la sílaba de .

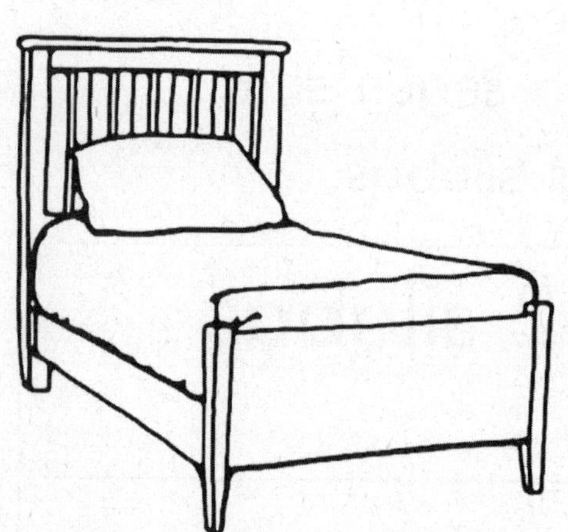

Nombre ________________________________

La letra Pp

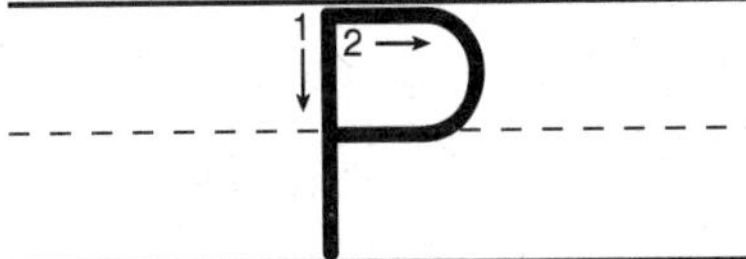

1. Empieza arriba. Baja en línea recta.
2. Vuelve arriba. Dibuja medio círculo hacia delante.

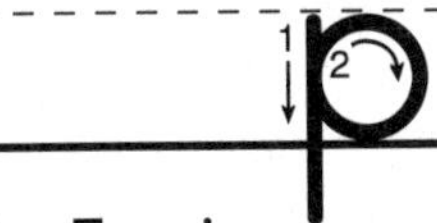

1. Empieza en el medio. Baja en línea recta pasando la base.
2. Sube hasta apenas abajo del medio y dibuja un círculo hacia delante.

pulpo

 Traza y escribe las letras.

Encierra en un círculo la mejor.

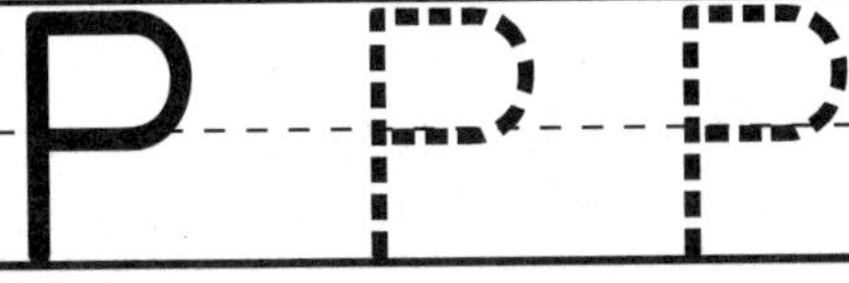

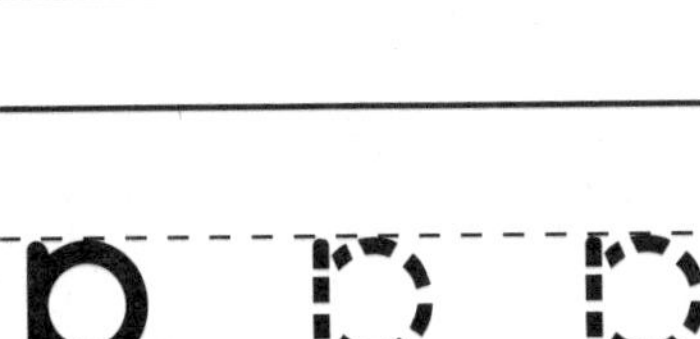

Nombre ____________________

Lee y reconoce

Lee y reconoce estas palabras para ser un mejor lector.

Lee la palabra.	Colorea la palabra.
aquí	aquí
Lee la palabra.	**Colorea la palabra.**
está	está

Encierra las palabras en un círculo.

aquí los está

está aquí los

los está aquí

Nombre ____________________

Lee y reconoce

Lee y reconoce esta palabra para ser un mejor lector.

Lee la palabra.

los

Colorea la palabra.

Encierra la palabra en un círculo.

aquí	los	está
está	aquí	los
los	está	aquí

Nombre ______________________________

Cuenta las sílabas

Las palabras tienen sílabas. Puedes identificarlas aplaudiendo.

Escucha la palabra. Aplaude por cada sílaba.

Colorea el número de sílabas.

1.

2.

3.

4.

5.

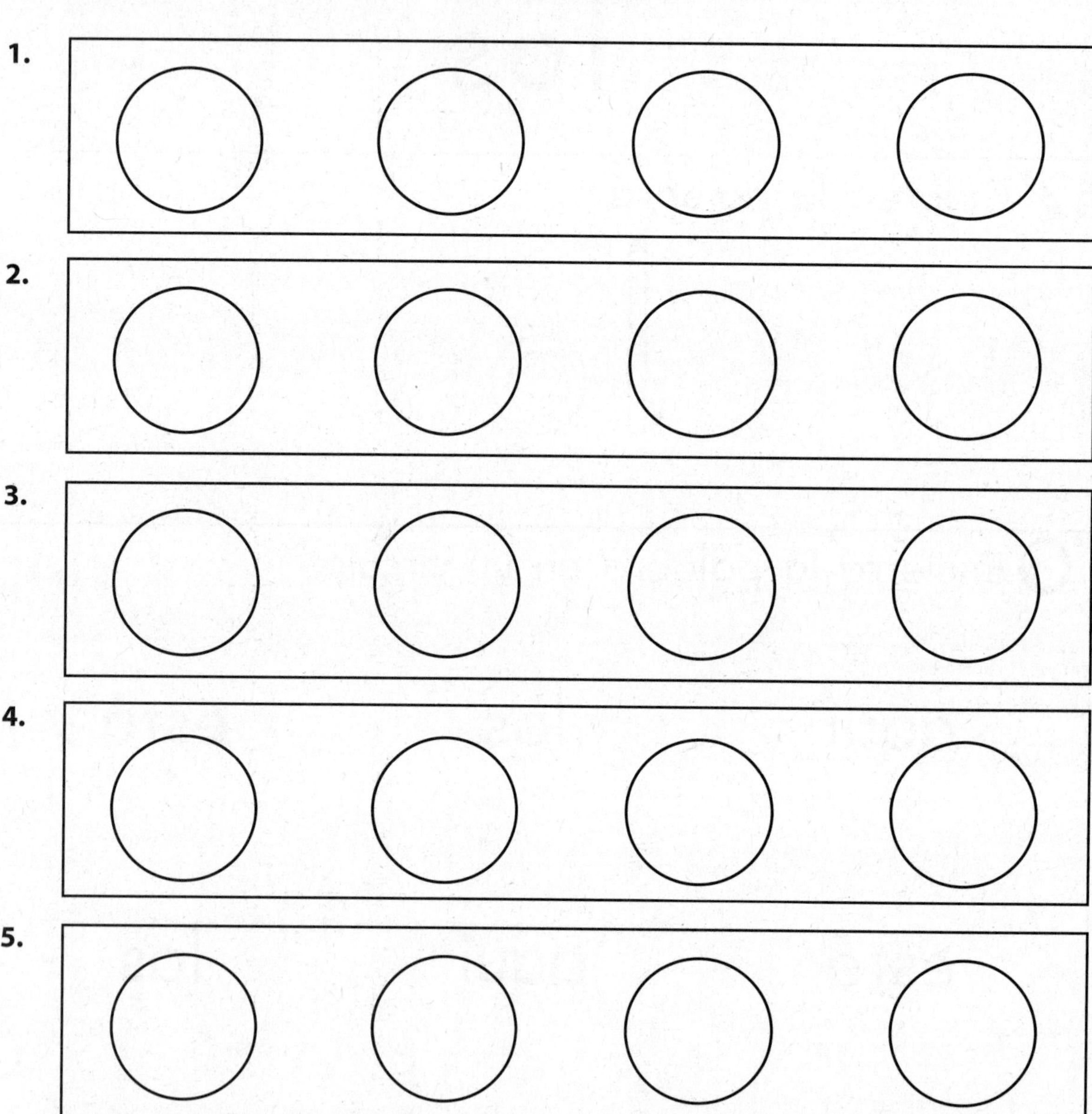

Nombre ______________________________

La letra Pp

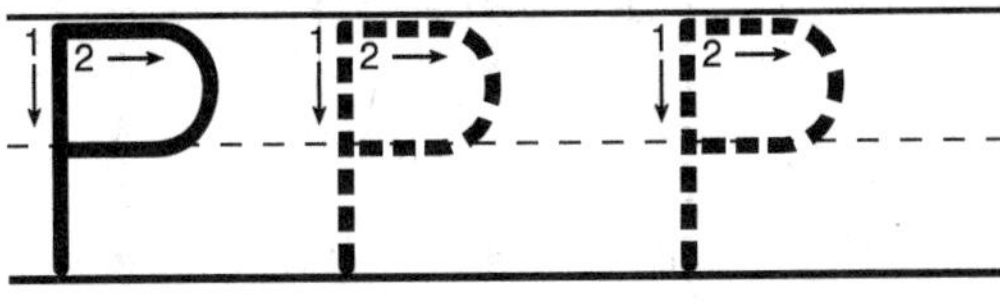

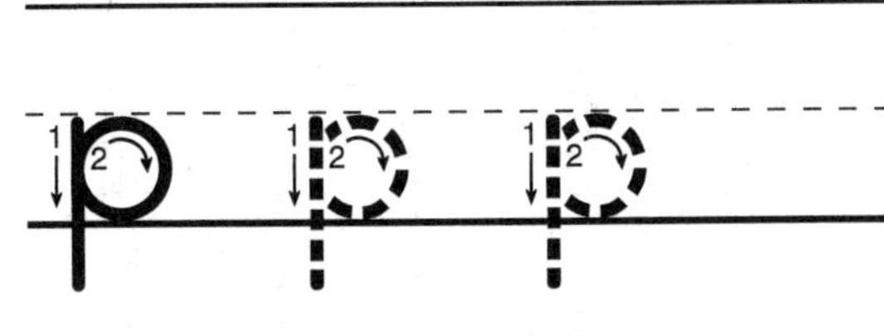

Tienes que pasar la línea de abajo para *p*.

Traza y escribe las palabras.

puma

papá

Pipo

Traza y escribe la oración.

Pepa ama a Pipo.

Pepa ama a Pipo.

Nombre ______________________________

Clasificar palabras: Sílabas con *p*

Relacionar las letras con los sonidos te ayuda a leer y escribir. Recuerda que las sílabas con *p* pueden ir al principio, en el medio o al final de una palabra.

Lee las palabras.

epa	mapa	puma	upa

Escribe las palabras en la tabla según si la sílaba con *p* está al principio o al final.

Al principio	Al final
____________	____________
____________	____________
____________	____________

Nombre ______________________________

La letra Ss

1. Empieza justo abajo del punto más alto. Dibuja una curva hacia atrás y luego otra hacia delante y hacia abajo.

1. Empieza justo abajo del medio. Dibuja una curva hacia atrás y luego otra hacia delante y hacia abajo.

sol

 Traza y escribe las letras.

Encierra en un círculo la mejor.

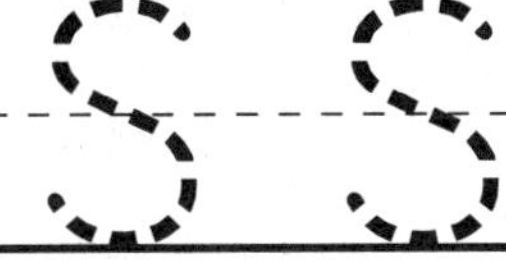

Nombre ______________________________

Lee y reconoce

Lee y reconoce estas palabras para ser un mejor lector.

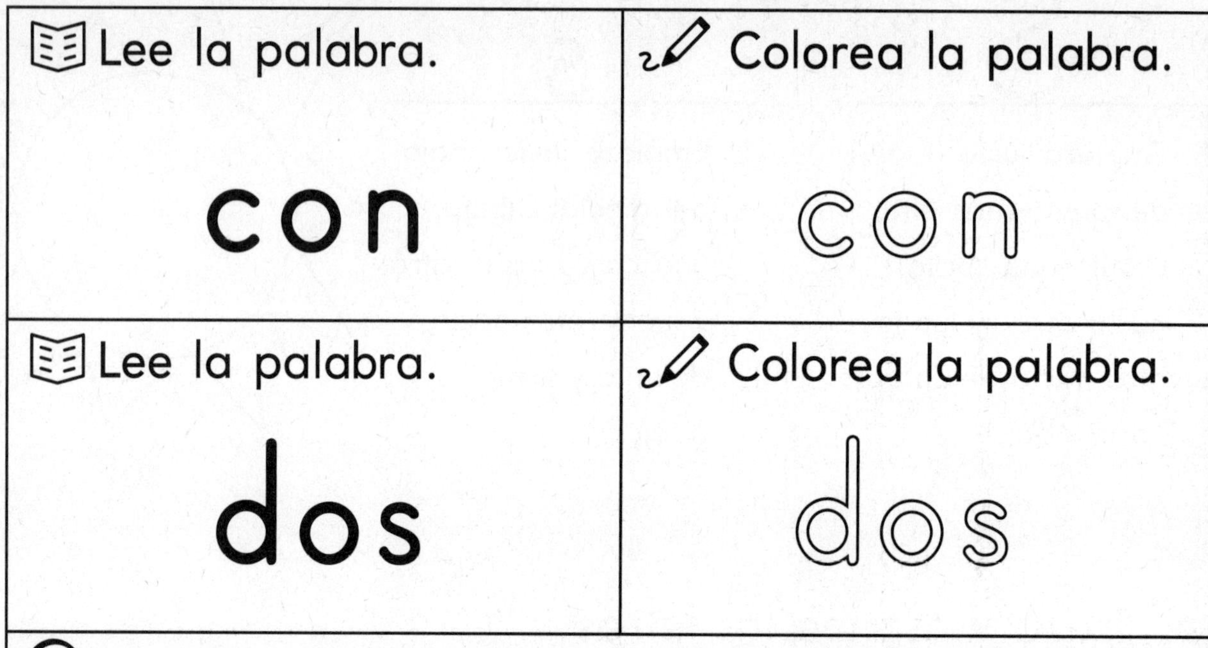

Lee la palabra.	Colorea la palabra.
con	con
Lee la palabra.	Colorea la palabra.
dos	dos

Encierra las palabras en un círculo.

dos	con	sube
sube	dos	con
con	sube	dos

Nombre ______________________________

Lee y reconoce

Lee y reconoce esta palabra para ser un mejor lector.

Lee la palabra.

sube

Colorea la palabra.

Encierra la palabra en un círculo.

dos	con	sube
sube	dos	con
con	sube	dos

Nombre ______________________________

La letra Ss

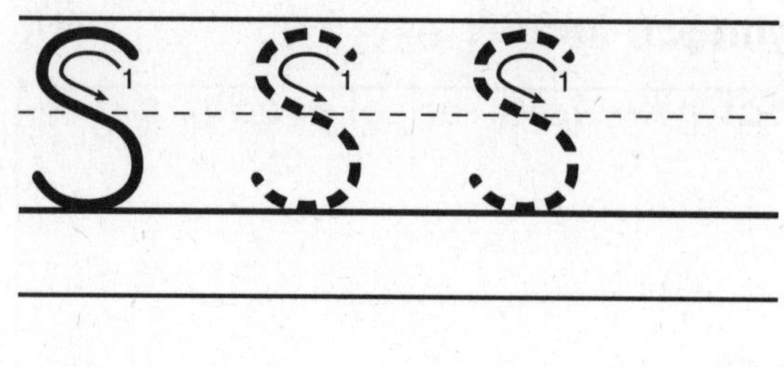

Traza y escribe las palabras.

Traza y escribe la oración.

Nombre ______________________________

Clasificar palabras: Sílabas con *s*

Relacionar las letras con los sonidos te ayuda a leer y escribir. Recuerda que las sílabas con *s* pueden ir al principio, en el medio o al final de una palabra.

Lee las palabras.

sopa	ese	sepa	usa
sapo	suma	paso	así

Escribe las palabras en la tabla.

Al principio	Al final

Nombre ______________________________

Cuenta las sílabas

Las palabras se pueden segmentar, o separar, en sílabas.

Nombra la imagen. Separa la palabra en sílabas.

Colorea un círculo por cada sílaba.

Nombre ____________________

La letra Ll

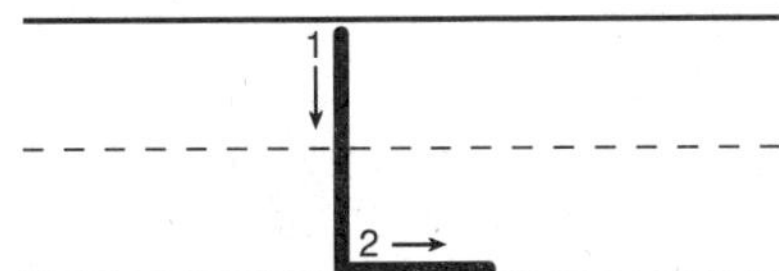

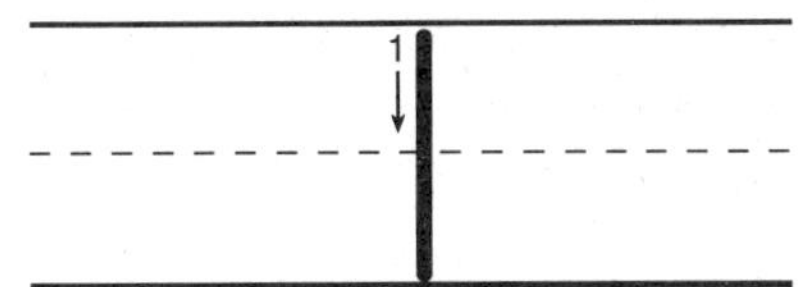

1. Empieza arriba. Baja en línea recta.
2. Dibuja una línea hacia la derecha.

1. Empieza arriba. Baja en línea recta.

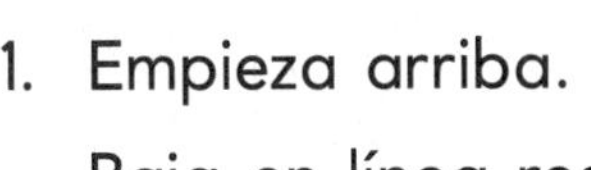

león

Traza y escribe las letras.

Encierra en un círculo la mejor.

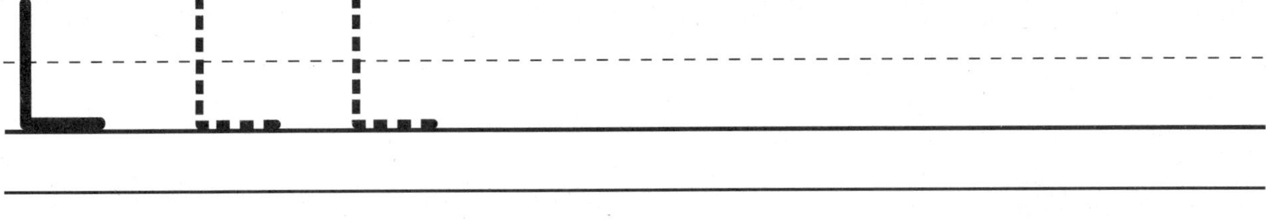

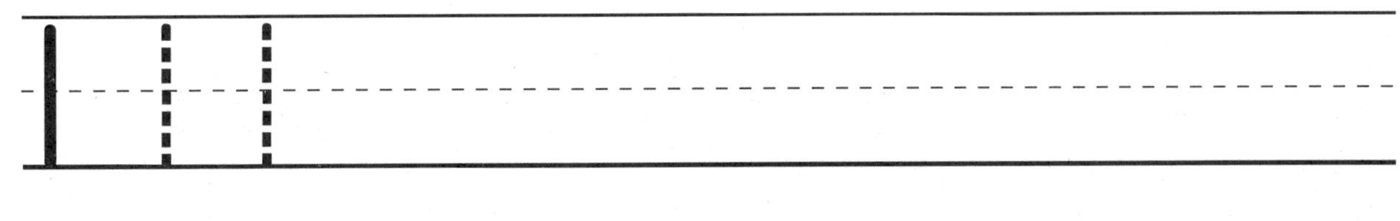

Nombre ______________________________

Lee y reconoce

Lee y reconoce estas palabras para ser un mejor lector.

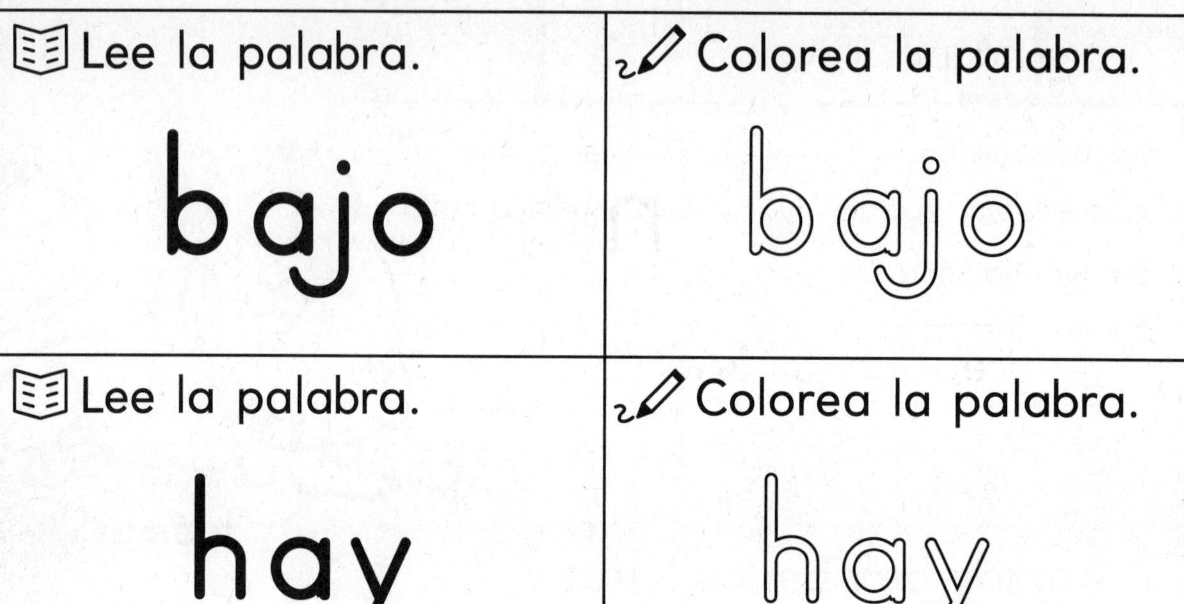

Encierra las palabras en un círculo.

hay	bajo	no
no	hay	bajo
bajo	no	hay

Nombre ______________________________

Lee y reconoce

Lee y reconoce esta palabra para ser un mejor lector.

Lee la palabra.

Colorea la palabra.

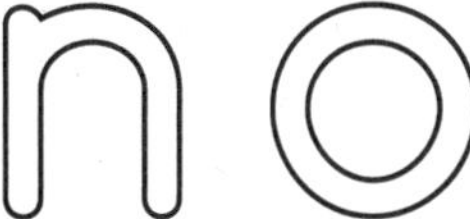

Encierra la palabra en un círculo.

hay	bajo	no
no	hay	bajo
bajo	no	hay

Nombre ______________________________

Identificar rimas

Las palabras que riman terminan con los mismos sonidos o las mismas sílabas.

Nombra las palabras.

Une con una línea las palabras que riman.

Nombre ____________________

La letra Ll

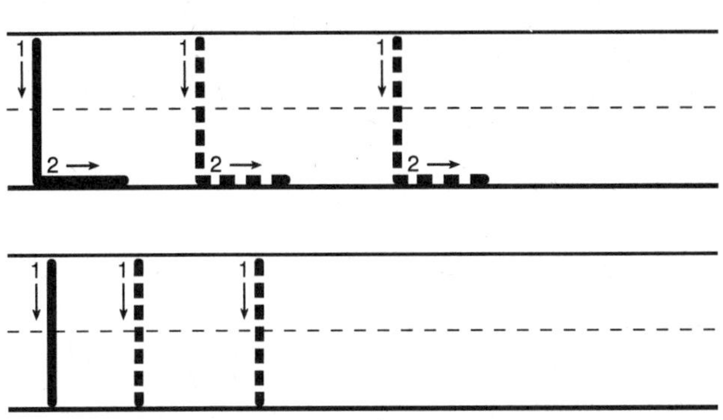

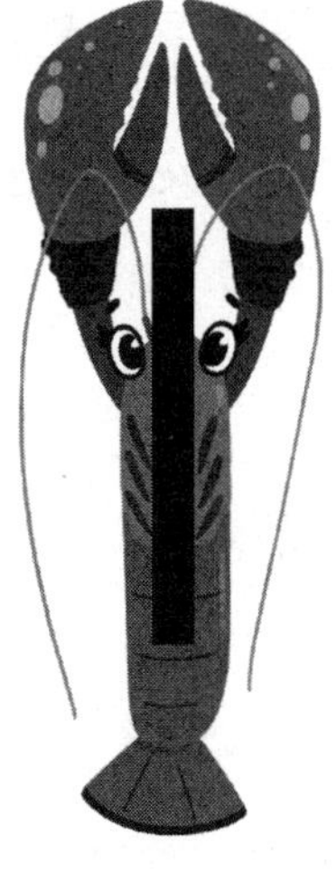

Deja espacio entre las palabras.

Traza y escribe las palabras.

Traza y escribe la oración.

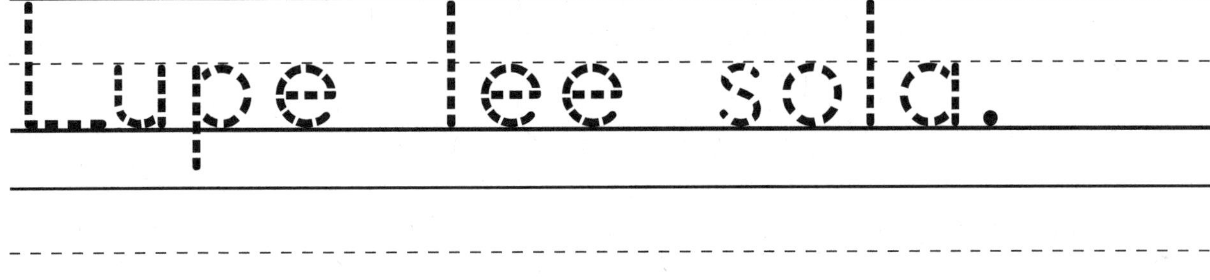

Nombre ______________________________

Clasificar palabras: Sílabas con *l*

Relacionar las letras con los sonidos te ayuda a leer y escribir. Recuerda que las sílabas con *l* pueden ir al principio, en el medio o al final de una palabra.

Lee las palabras.

lima	sale	pelo	lupa
loma	molí	mala	lame

Escribe las palabras en la tabla.

Al principio	Al final

Nombre ____________________

La letra Nn

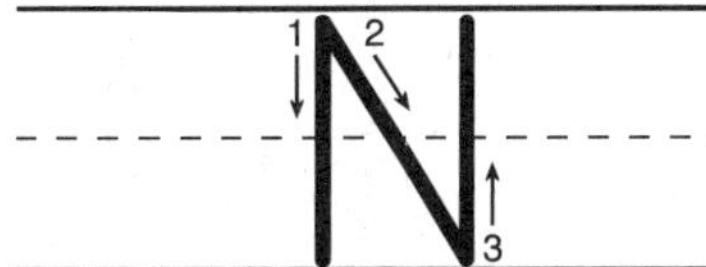

1. Empieza arriba. Baja en línea recta.
2. Vuelve arriba. Baja en diagonal hacia la derecha.
3. Sube en línea recta.

1. Empieza en el medio. Baja en línea recta.
2. Sube, dibuja una curva hacia delante y baja en línea recta.

nariz

Traza y escribe las letras.

Encierra en un círculo la mejor.

N N N

n n n

Nombre ___________________________________

Lee y reconoce

Lee y reconoce estas palabras para ser un mejor lector.

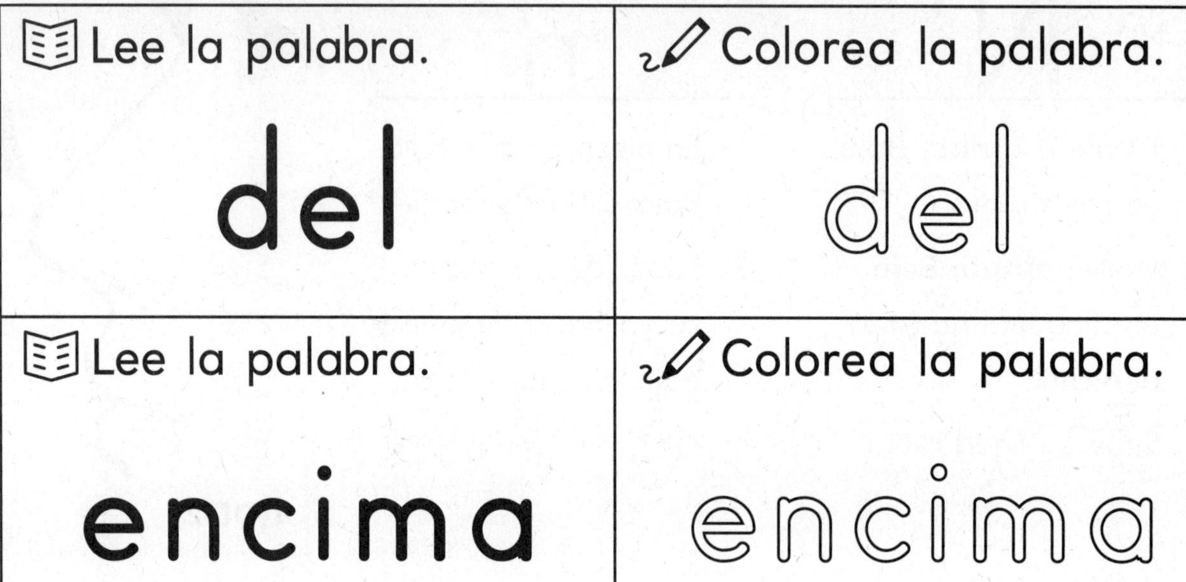

Encierra las palabras en un círculo.

encima	del	le
le	encima	del
del	le	encima

Nombre ______________________________

Lee y reconoce

Lee y reconoce esta palabra para ser un mejor lector.

Lee la palabra.

le

Colorea la palabra.

Encierra la palabra en un círculo.

encima	del	le
le	encima	del
del	le	encima

Nombre ______________________________

Combinar sílabas

Las sílabas se pueden combinar para formar palabras.

Escucha las sílabas.

Combina las sílabas y encierra en un círculo la palabra correcta.

1.  

2. 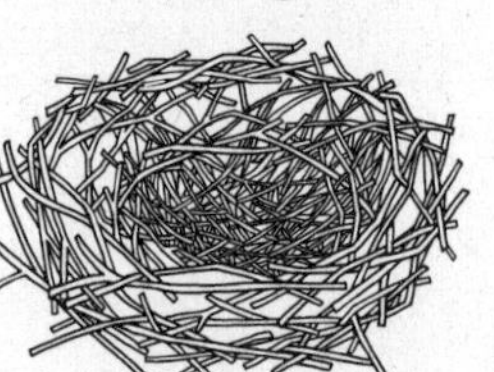 

3. 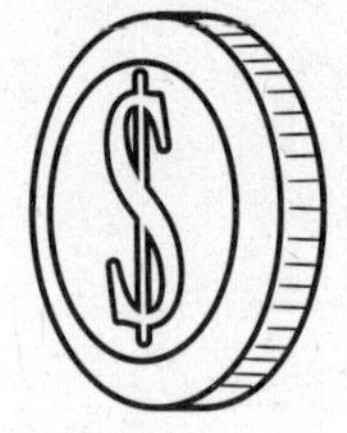 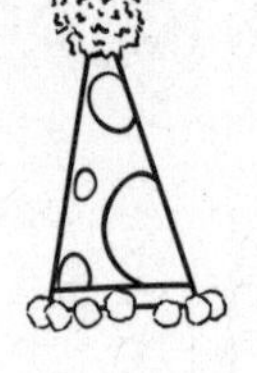

4. 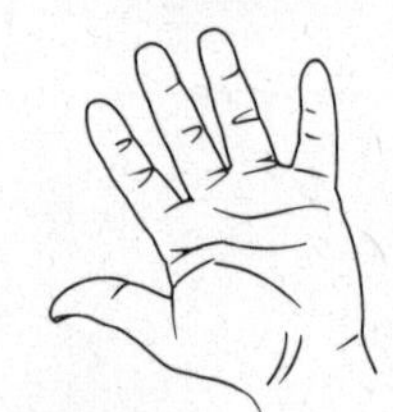 

5. 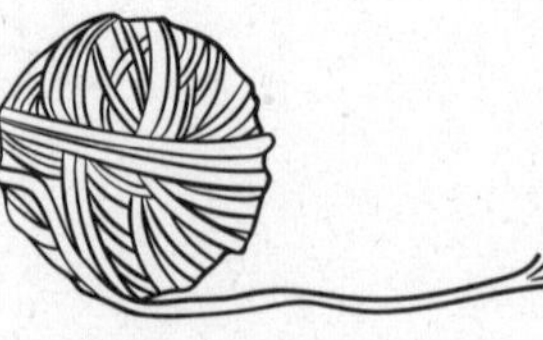 

6. 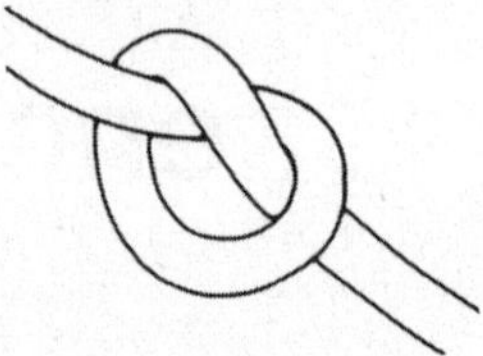 

Nombre ______________________________

La letra Nn

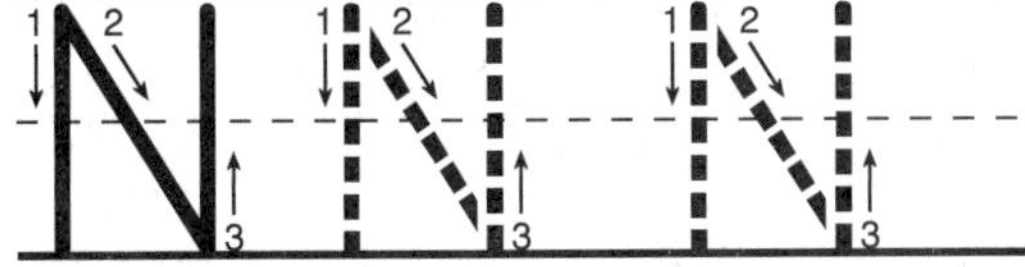

Piensa en la forma de la letra antes de escribirla.

 Traza y escribe las palabras.

Nina

pino

luna

Traza y escribe la oración.

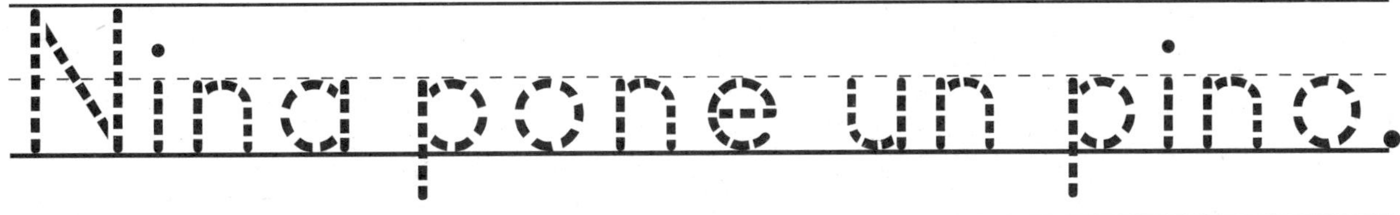

Nombre ______________________________

Clasificar palabras: Sílabas con *n*

Relacionar las letras con los sonidos te ayuda a leer y escribir. Recuerda que las sílabas con *n* pueden ir al principio, en el medio o al final de una palabra.

Lee las palabras.

naipe	nopal	melena
molino	pepino	semana

Escribe las palabras en la tabla.

Al principio	Al final

Nombre ______________________________

La letra Dd

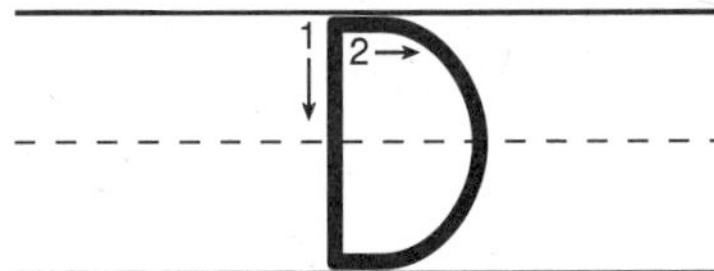

1. Empieza arriba. Baja en línea recta.
2. Vuelve arriba. Dibuja medio círculo hacia delante.

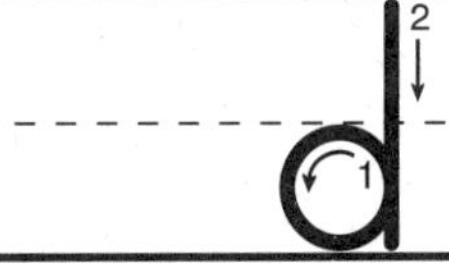

1. Empieza justo abajo del medio. Dibuja un círculo hacia atrás.
2. Vuelve arriba y baja en línea recta.

dinosaurio

 Traza y escribe las letras.

Encierra en un círculo la mejor.

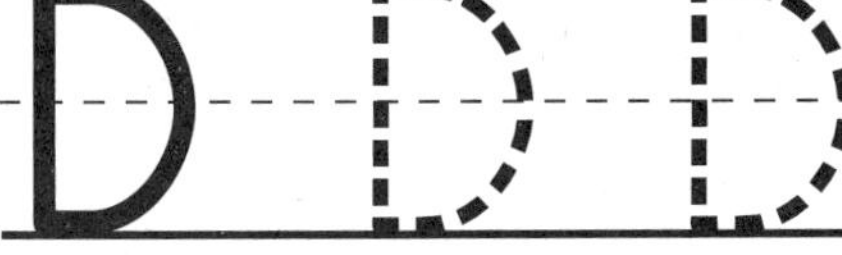

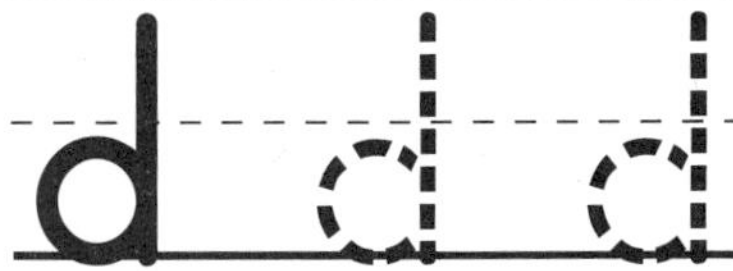

Nombre ______________________________

Lee y reconoce

Lee y reconoce estas palabras para ser un mejor lector.

Lee la palabra.	Colorea la palabra.
dice	dice
Lee la palabra.	Colorea la palabra.
también	también

Encierra las palabras en un círculo.

también tiene dice

dice también tiene

tiene dice también

Nombre ____________________

Lee y reconoce

Lee y reconoce esta palabra para ser un mejor lector.

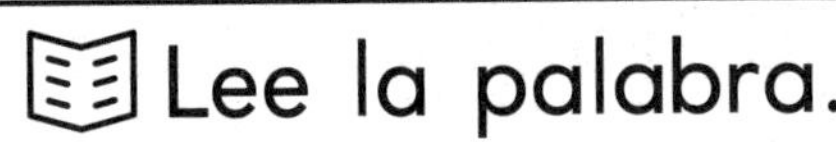

Lee la palabra.

tiene

Colorea la palabra.

Encierra la palabra en un círculo.

también	tiene	dice
dice	también	tiene
tiene	dice	también

Nombre ___________________________

Identificar rimas

Las palabras que riman terminan con los mismos sonidos o las mismas sílabas.

 Nombra las palabras de cada par.

Colorea los pares de palabras que riman.

1.  

2. 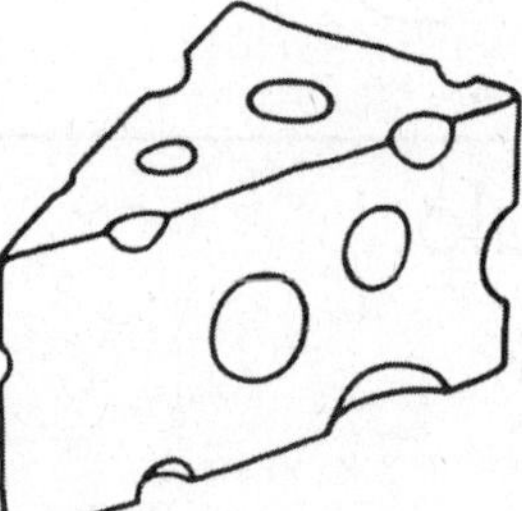 

3. 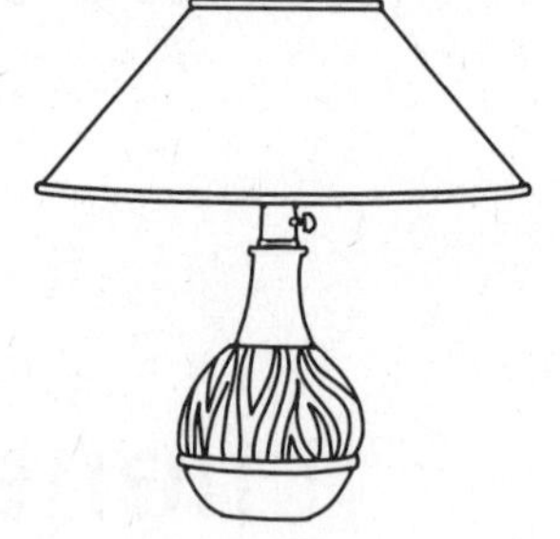 

4. 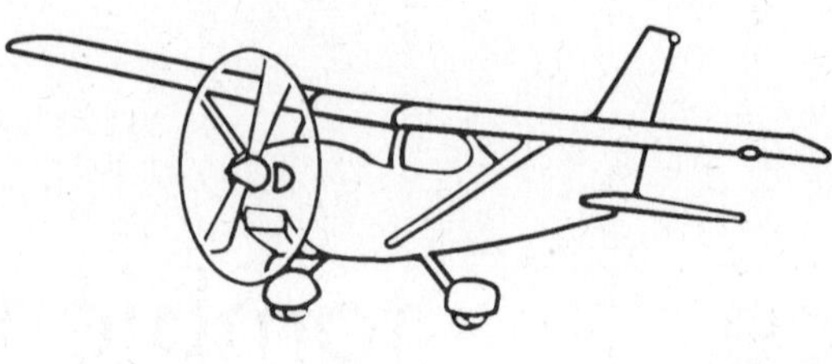 

Nombre ______________________________

La letra Dd

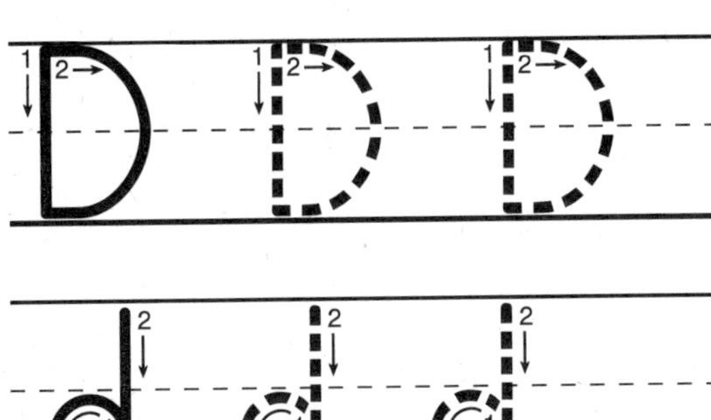

Llega hasta la línea de arriba para *d*.

Traza y escribe las palabras.

Traza y escribe la oración.

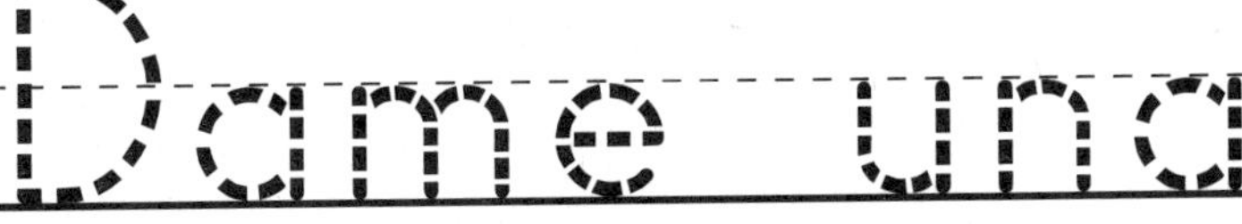

Nombre ______________________________

Clasificar palabras: Sílabas con *d*

Relacionar las letras con los sonidos te ayuda a leer y escribir. Recuerda que las sílabas con *d* pueden ir al principio, en el medio o al final de una palabra.

Lee las palabras.

dona	pedí	mide	duna
dime	lodo	dale	miedo

Escribe las palabras en la tabla.

Al principio	Al final

Nombre ______________________________

La letra Tt

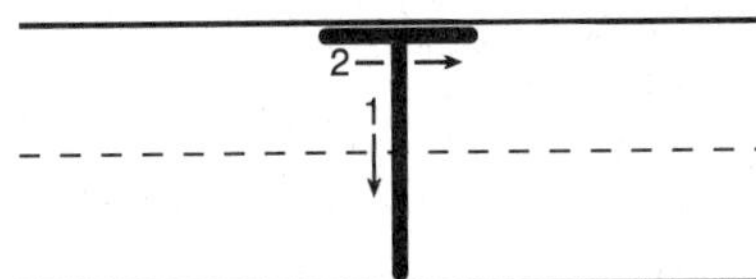

1. Empieza arriba. Baja en línea recta.
2. Vuelve arriba. Dibuja una línea hacia la derecha.

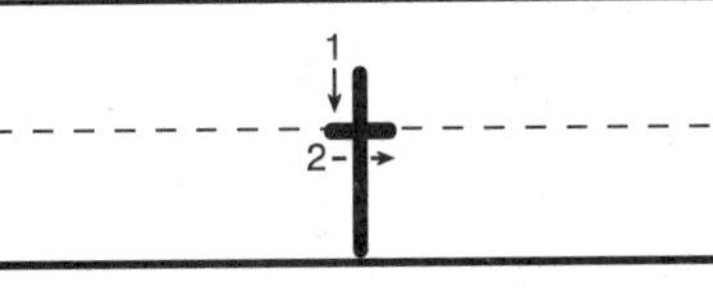

1. Empieza arriba. Baja en línea recta.
2. Párate en el medio. Dibuja una línea corta hacia la derecha.

tigre

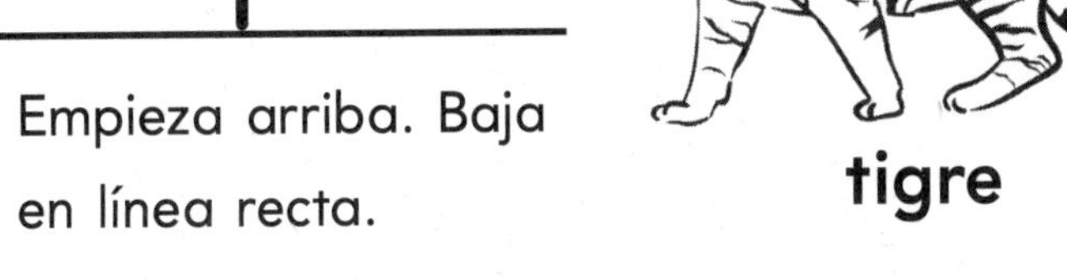

Traza y escribe las letras.

Encierra en un círculo la mejor.

T T T

t t t

Nombre ______________________________

Lee y reconoce

Lee y reconoce estas palabras para ser un mejor lector.

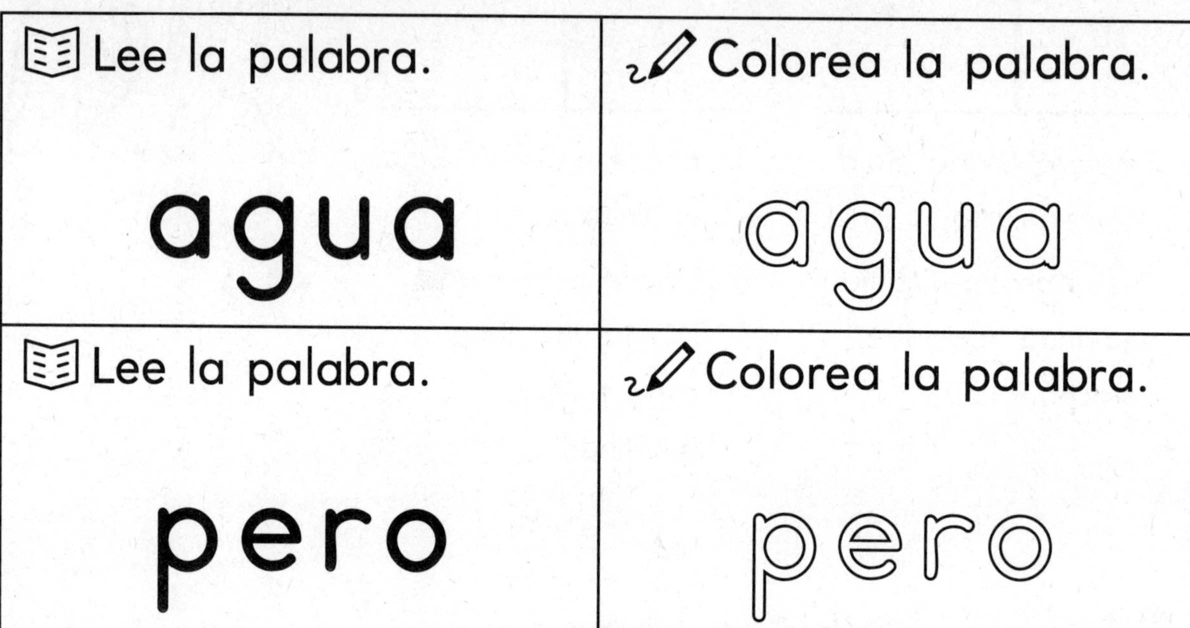

Encierra las palabras en un círculo.

agua	su	pero
su	pero	agua
pero	agua	su

Nombre ______________________________

Lee y reconoce

Lee y reconoce esta palabra para ser un mejor lector.

Lee la palabra.

su

Colorea la palabra.

su

Encierra la palabra en un círculo.

agua su pero

su pero agua

pero agua su

Nombre ______________________________

La letra Tt

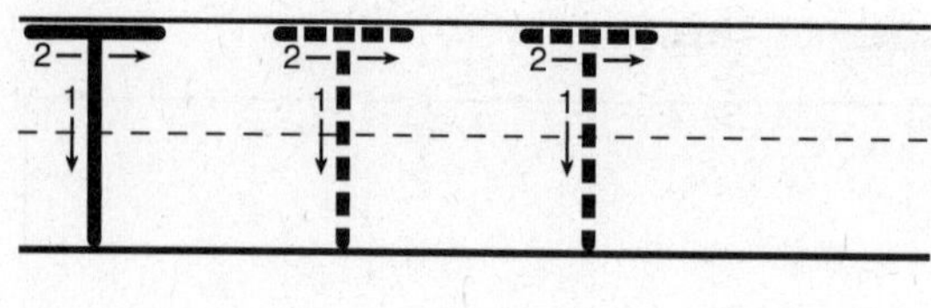

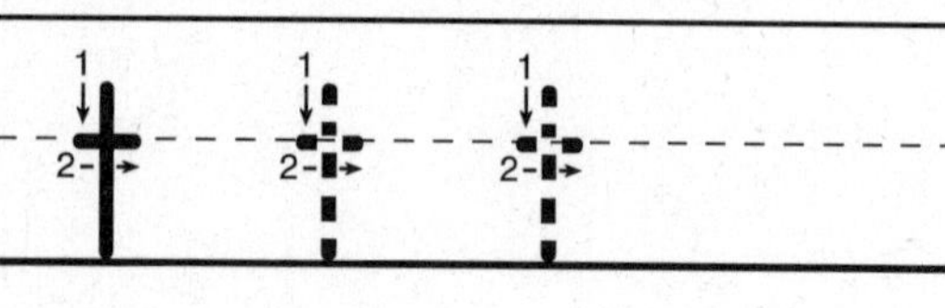

Sujeta el lápiz con fuerza, pero no tanta.

Traza y escribe las palabras.

Tito

todo

este

Traza y escribe la oración.

Tito pinta de todo.

Nombre ____________________

Clasificar palabras: Sílabas con *t*

Relacionar las letras con los sonidos te ayuda a leer y escribir. Recuerda que las sílabas con *t* pueden ir al principio, en el medio o al final de una palabra.

Lee las palabras.

tela	tuna	tina	moto
topo	metí	nota	meta

Escribe las palabras en la tabla.

Al principio	Al final

Nombre ______________________________

Identificar la aliteración

Cuando en un grupo de palabras se repite el sonido o la sílaba inicial, hay aliteración.

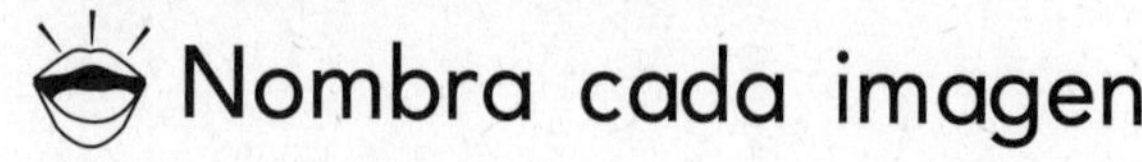

Nombra cada imagen.

Conecta las imágenes con la misma sílaba inicial.

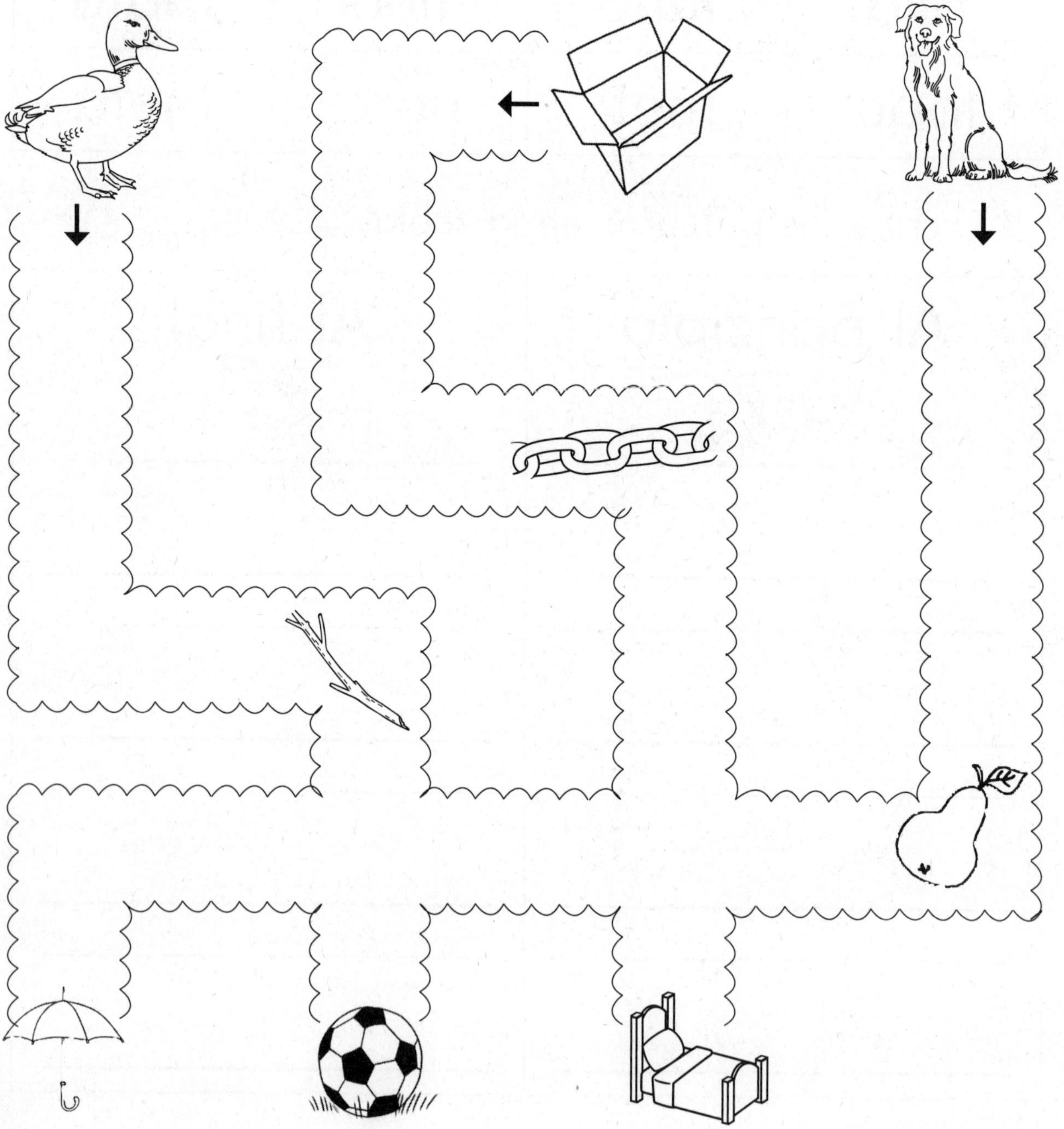

Nombre ______________________________

La letra Ff

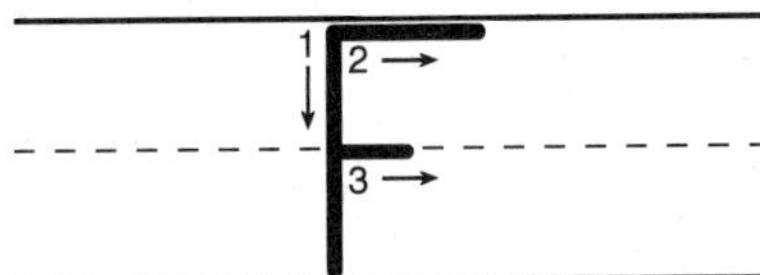

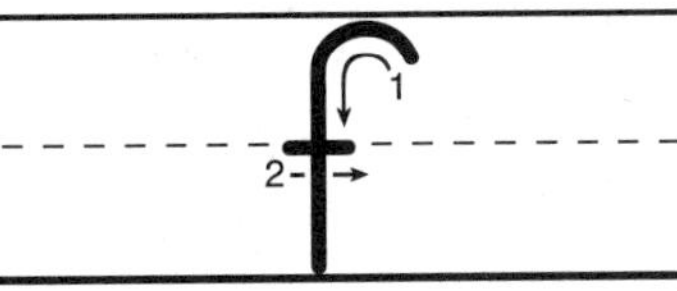

1. Empieza arriba. Baja en línea recta.
2. Vuelve arriba. Dibuja una línea hacia la derecha.
3. Párate en el medio. Dibuja una línea corta hacia la derecha.

1. Empieza justo abajo del punto más alto. Dibuja una curva hacia atrás y baja en línea recta.
2. Párate en el medio. Dibuja una línea corta hacia la derecha.

flores

 Traza y escribe las letras.

Encierra en un círculo la mejor.

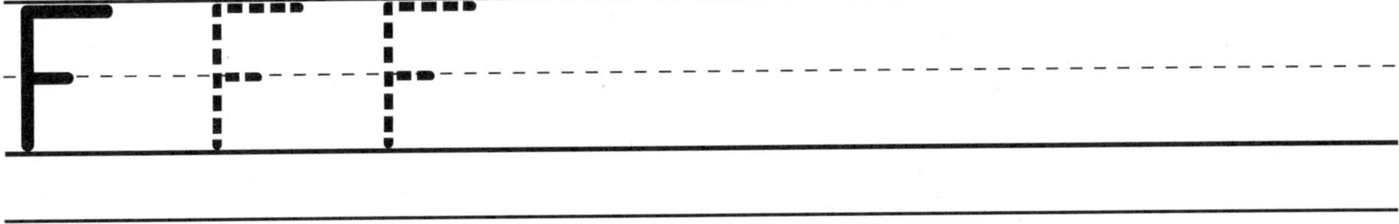

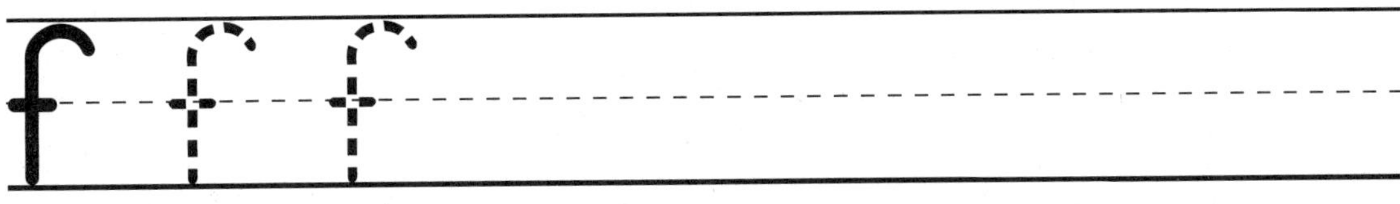

Nombre ______________________________

Lee y reconoce

Lee y reconoce estas palabras para ser un mejor lector.

Lee la palabra.	Colorea la palabra.
hacia	hacia
Lee la palabra.	**Colorea la palabra.**
que	que

Encierra las palabras en un círculo.

vamos	que	hacia
hacia	vamos	que
que	vamos	hacia

Nombre ______________________________

Lee y reconoce

Lee y reconoce esta palabra para ser un mejor lector.

Lee la palabra.

vamos

Colorea la palabra.

vamos

Encierra la palabra en un círculo.

que	hacia	vamos
hacia	vamos	que
vamos	hacia	que

Nombre ______________________________

La letra Ff

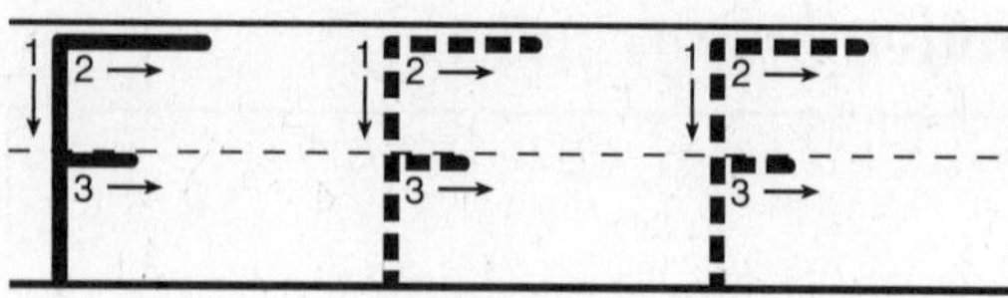

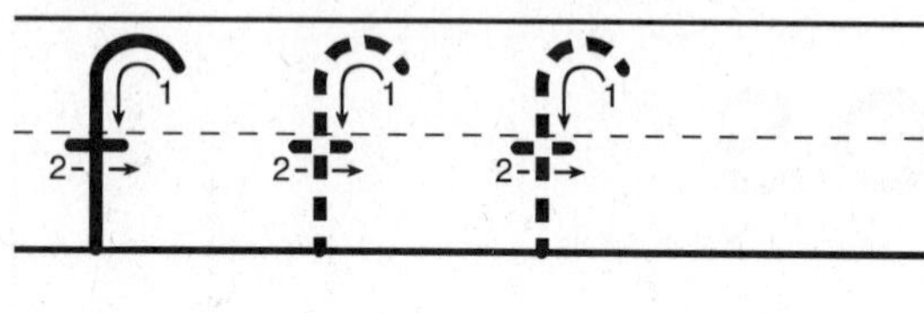

Traza la línea corta en el medio.

Traza y escribe las palabras.

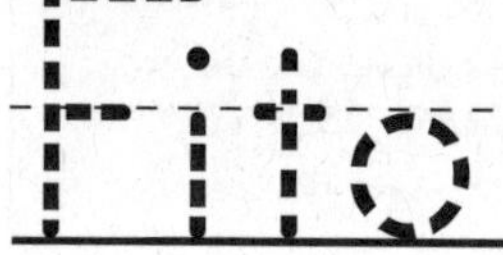

Traza y escribe la oración.

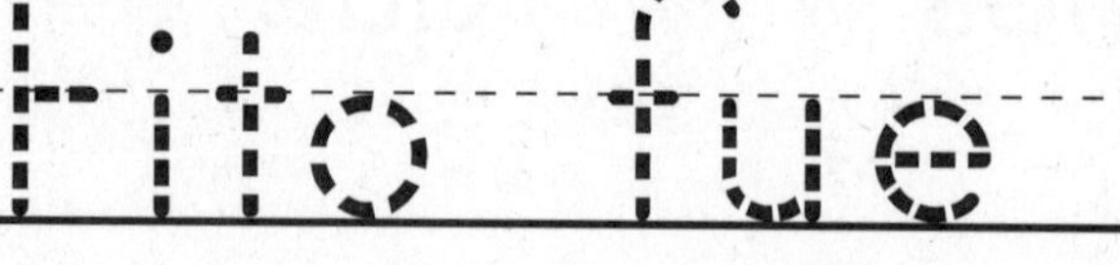

Nombre ______________________________

Clasificar palabras: Sílabas con *f*

Relacionar las letras con los sonidos te ayuda a leer y escribir. Recuerda que las sílabas con *f* pueden ir al principio, en el medio o al final de una palabra.

Lee las palabras.

sofá	filo	ufa	foto
fama	tofu	fino	

Clasifica las palabras en la tabla.

Al principio	Al final

Nombre ______________________________

Producir rimas

Las palabras que riman terminan con los mismos sonidos o las mismas sílabas.

Haz un dibujo que rime con cada dibujo.

1.

2.

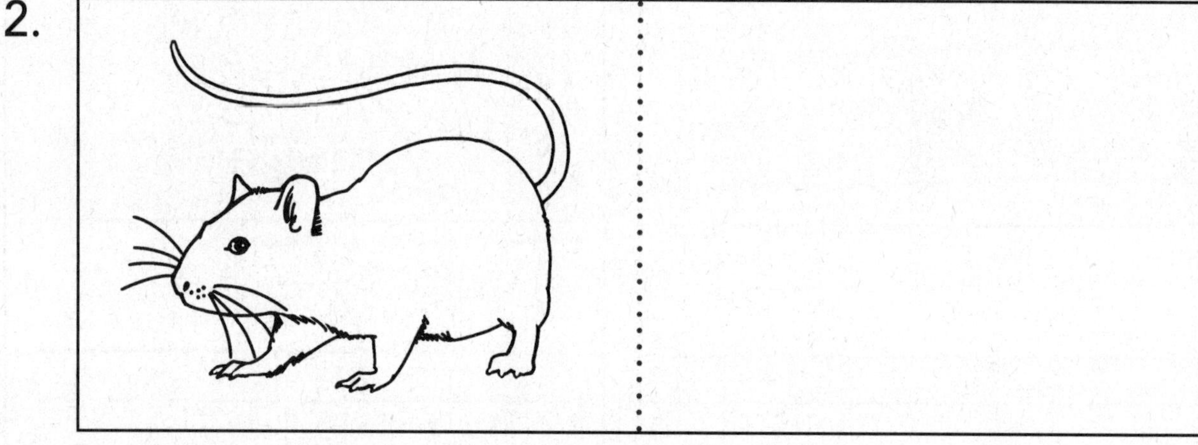

3.

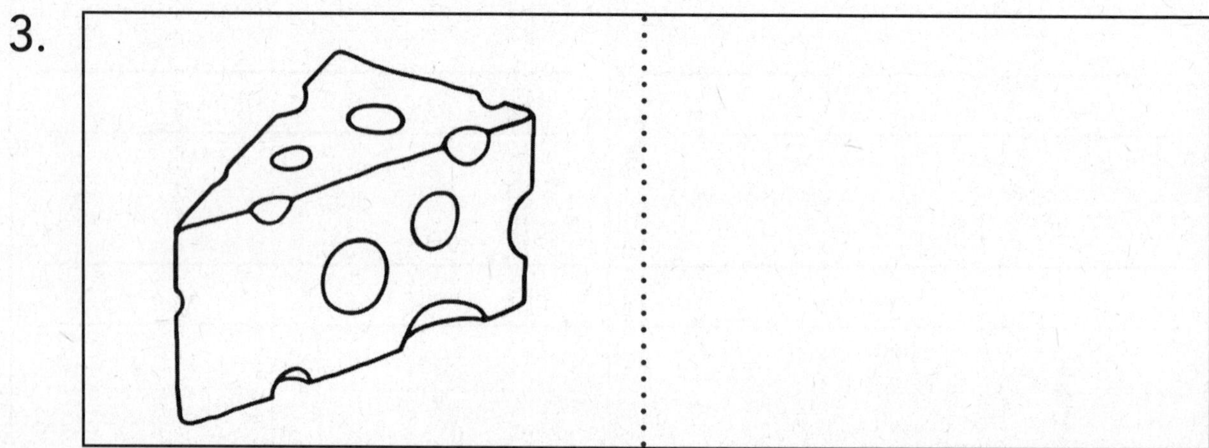

Nombre ______________________________

Lee y reconoce

Lee y reconoce estas palabras para ser un mejor lector.

Lee la palabra.	Colorea la palabra.
después	después
trabaja	trabaja

Encierra las palabras en un círculo.

va	después	trabaja
va	trabaja	después
trabaja	va	después

Nombre ______________________________

Lee y reconoce

Lee y reconoce esta palabra para ser un mejor lector.

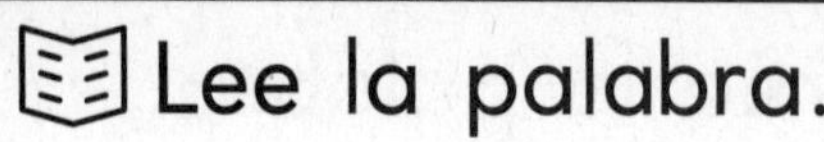
Lee la palabra.

Colorea la palabra.

Encierra la palabra en un círculo.

después	después	trabaja
va	trabaja	va
trabaja	va	después

Nombre ____

Combinar sílabas

Las sílabas se pueden combinar para formar palabras.

 Combina las sílabas que escuchas.

 Colorea la palabra.

1.

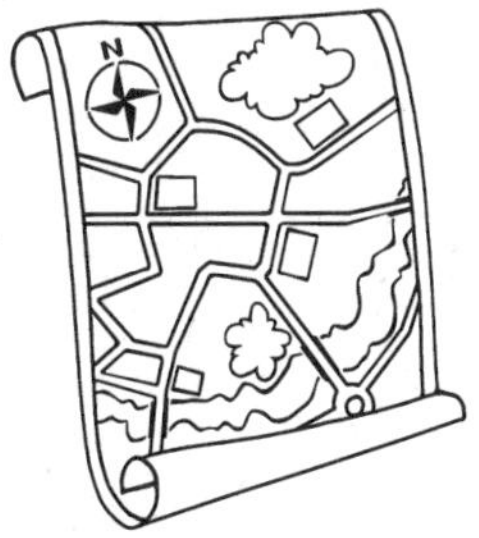

2.

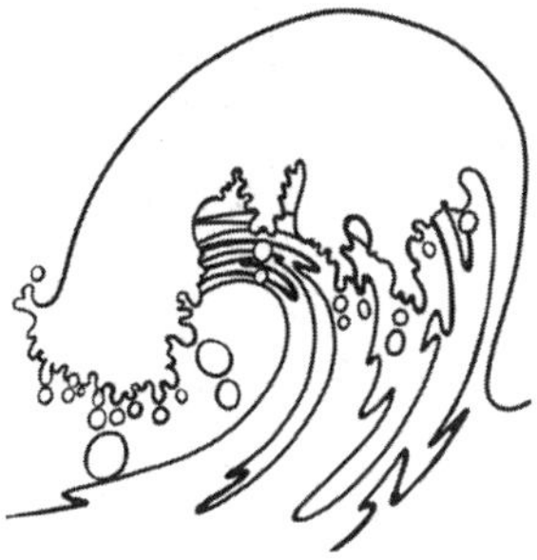

3.

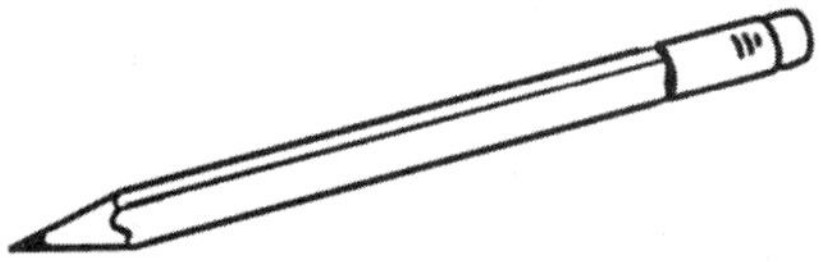

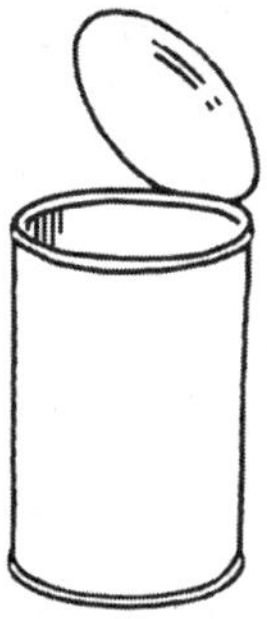

4.

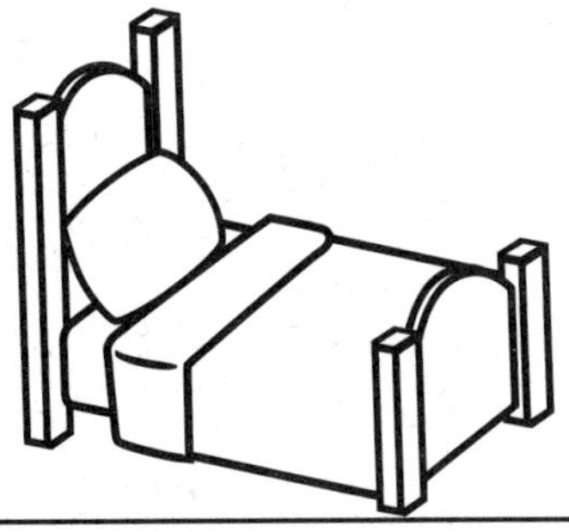

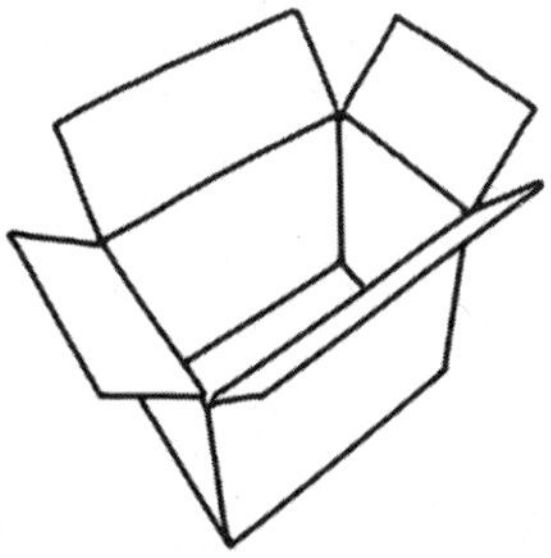

Nombre ________________________________

Formar nuevas palabras

Se pueden crear palabras añadiendo sílabas.

Escribe y traza sílabas para formar palabras.

1. 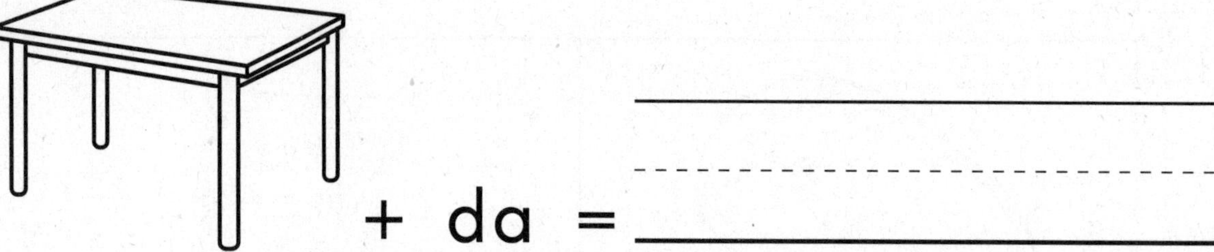
+ da = ____________________

2. 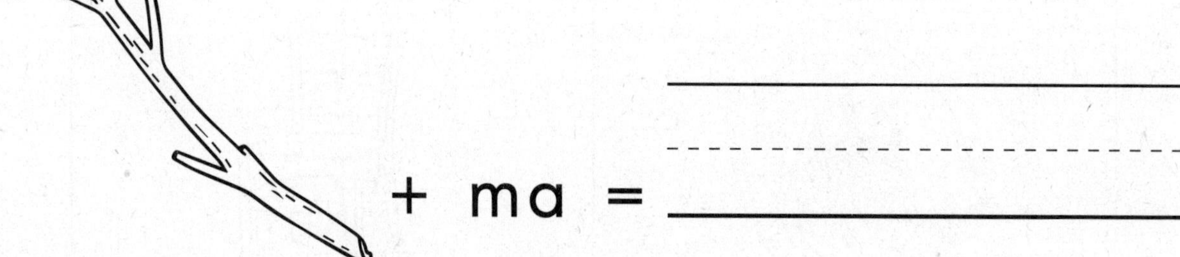
+ ma = ____________________

3. 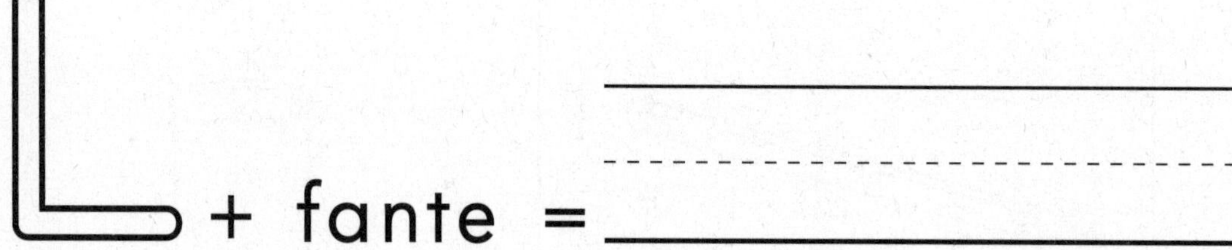
+ fante = ____________________

Nombre ______________________________

La letra Bb

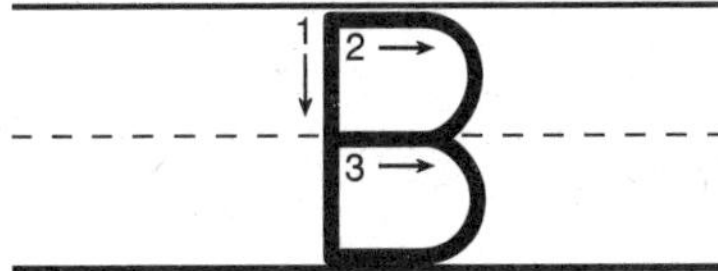

1. Empieza arriba. Baja en línea recta.
2. Vuelve arriba. Dibuja medio círculo hacia delante.
3. Dibuja otro medio círculo hacia delante.

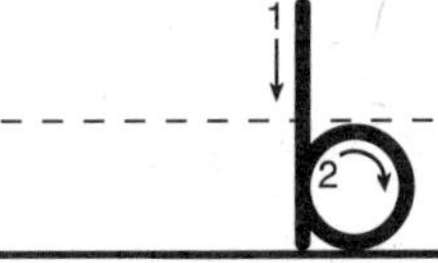

1. Empieza arriba. Baja en línea recta.
2. Párate en el medio y dibuja medio círculo hacia delante.

barco

Traza y escribe las letras.

Encierra en un círculo la mejor.

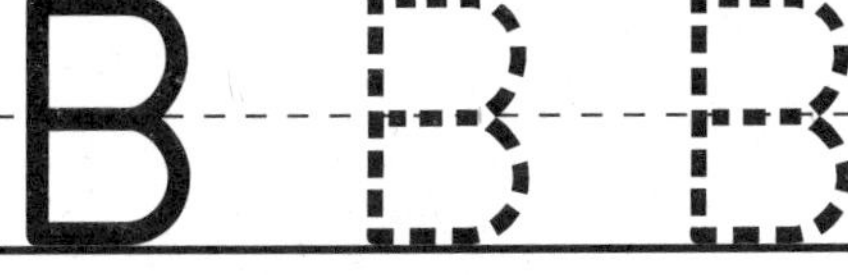

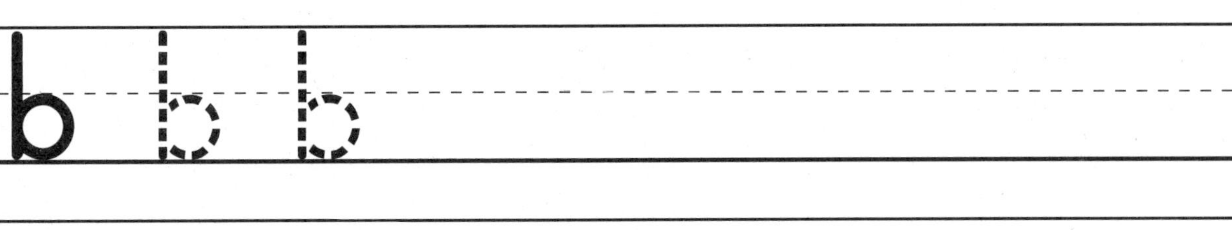

Nombre ______________________________

Lee y reconoce

Lee y reconoce estas palabras para ser un mejor lector.

Lee la palabra.	Colorea la palabra.
ahora	ahora
Lee la palabra.	Colorea la palabra.
hoy	hoy

Encierra las palabras en un círculo.

hoy	ahora	papá
papá	hoy	ahora
papá	ahora	hoy

Nombre ______________________________

Lee y reconoce

Lee y reconoce esta palabra para ser un mejor lector.

Lee la palabra.

papá

Colorea la palabra.

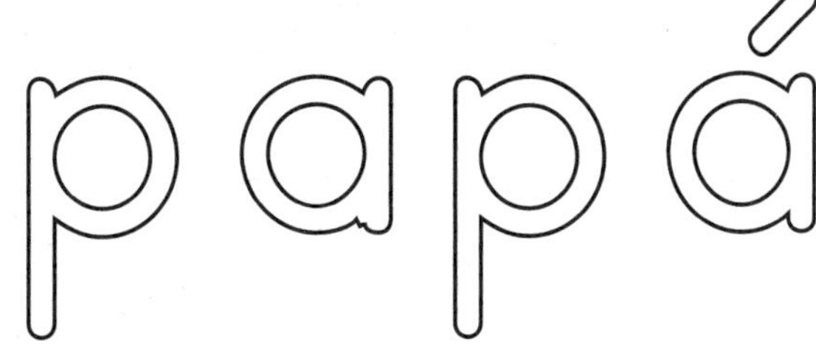

Encierra la palabra en un círculo.

ahora	hoy	papá
papá	ahora	hoy
ahora	papá	hoy

Nombre ______________________________

Identificar sílabas iniciales y finales

Las palabras están formadas por sílabas que podemos identificar.

Nombra las palabras.

Encierra en un círculo los dibujos que empiezan con la misma sílaba que .

Encierra en un círculo las palabras que terminan con la misma sílaba que .

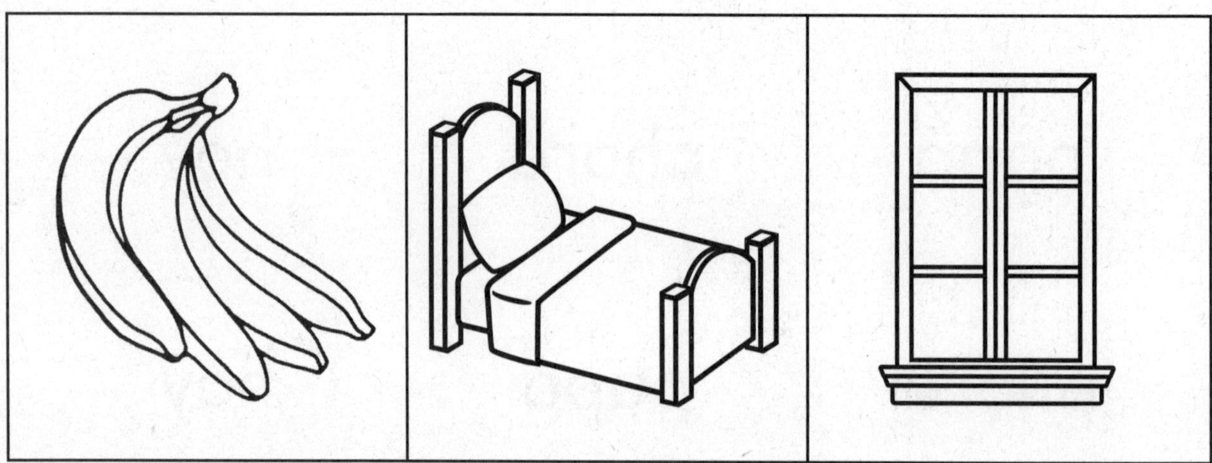

Nombre ______________________________

La letra Bb

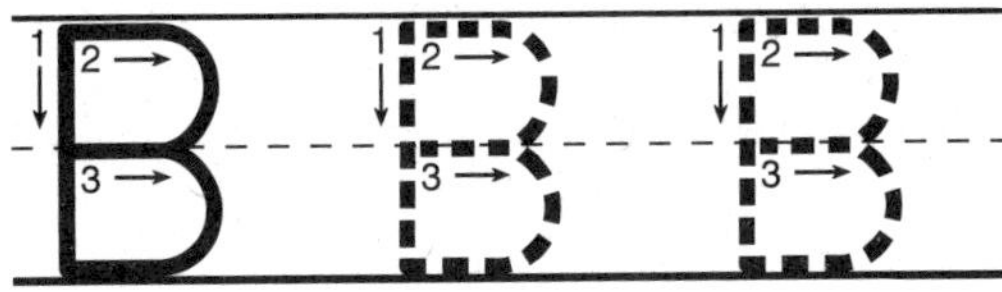

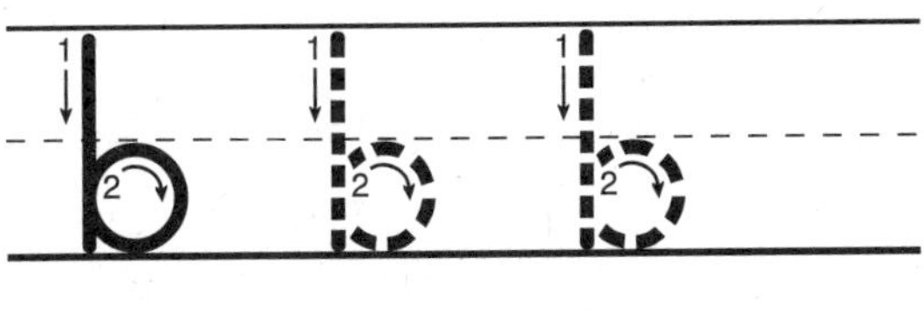

Haz dos curvas hacia adelante para *B.*

Traza y escribe las palabras.

bebo

nube

bien

Traza y escribe la oración.

Bebo un batido.

Nombre ______________________________

Clasificar palabras: Sílabas con *b*

Relacionar las letras con los sonidos te ayuda a leer y escribir. Recuerda que las sílabas con *b* pueden ir al principio, en el medio o al final de una palabra.

Lee las palabras.

bola	subo	sabe	bueno
besa	tubo	iba	balón

Escribe las palabras en la tabla.

Al principio	Al final

Nombre ______________________________

La letra Rr

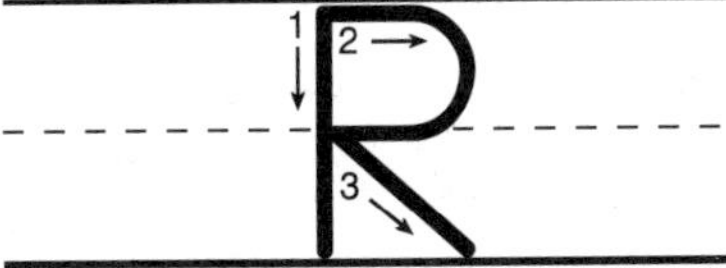

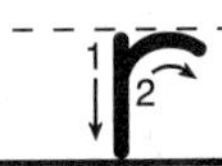

1. Empieza arriba. Baja en línea recta.
2. Vuelve arriba. Dibuja medio círculo hacia delante.
3. Baja en diagonal hacia la derecha.

1. Empieza en el medio. Baja en línea recta.
2. Sube en línea recta y dibuja una curva corta hacia delante.

reloj

Traza y escribe las letras.

Encierra en un círculo la mejor.

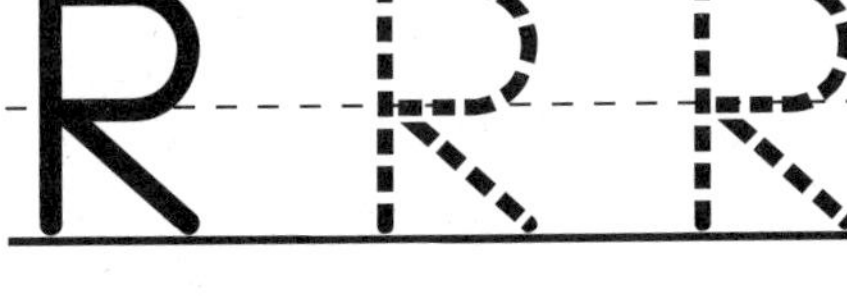

r r r

Nombre ____________________

Lee y reconoce

Lee y reconoce estas palabras para ser un mejor lector.

Lee la palabra.	Colorea la palabra.
mucho	mucho
Lee la palabra.	Colorea la palabra.
piensa	piensa

Encierra las palabras en un círculo.

mucho	qué	piensa
mucho	piensa	qué
piensa	qué	mucho

Nombre ______________________________

Lee y reconoce

Lee y reconoce esta palabra para ser un mejor lector.

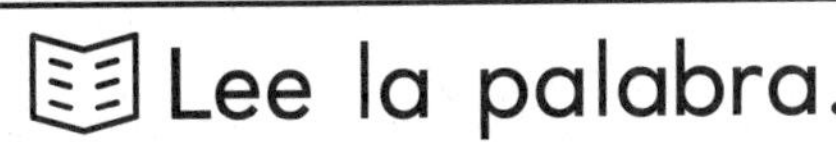

Colorea la palabra.

Encierra la palabra en un círculo.

mucho	qué	piensa
piensa	qué	mucho
piensa	mucho	qué

Nombre ______________________________

Identificar la sílaba media

La sílaba media está en el medio de una palabra.

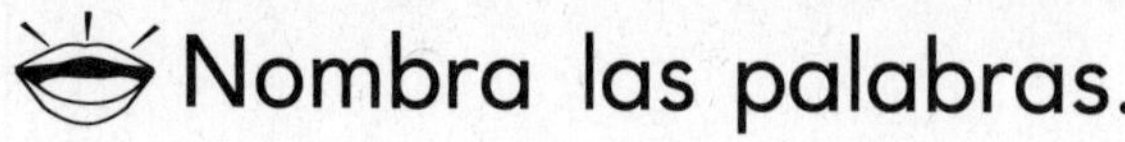
Nombra las palabras.

Conecta las palabras que tengan la misma sílaba media.

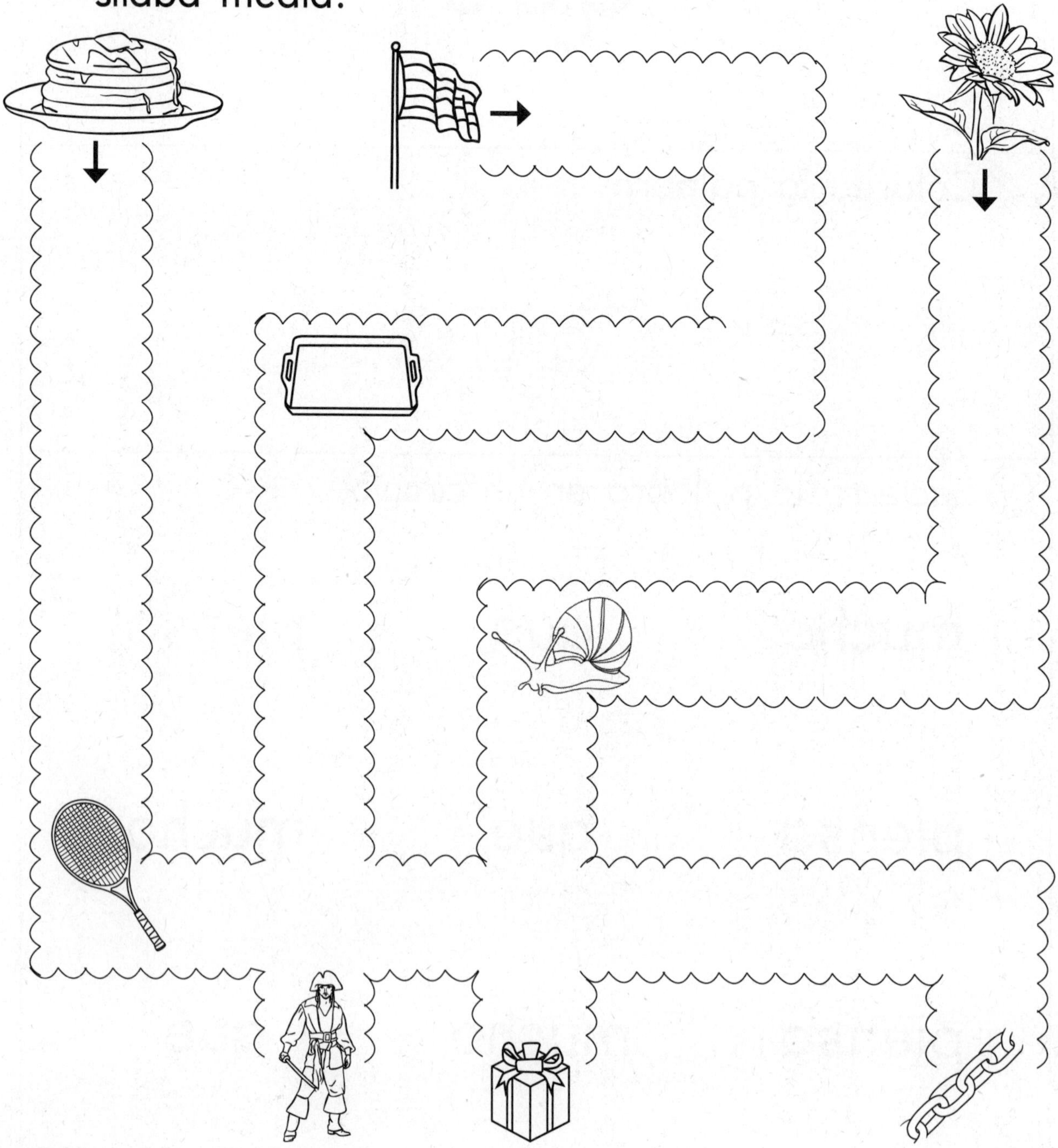

Nombre ____________________

La letra Rr

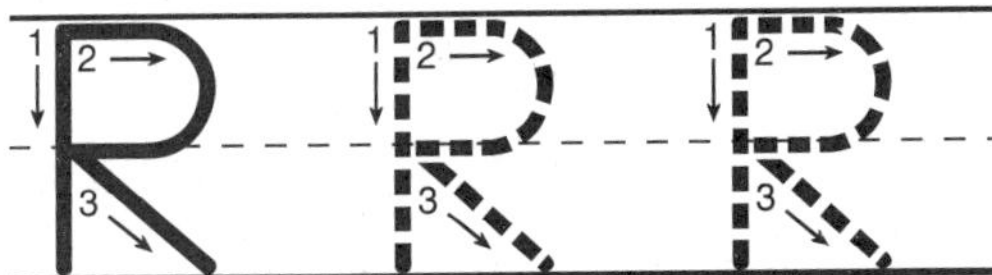

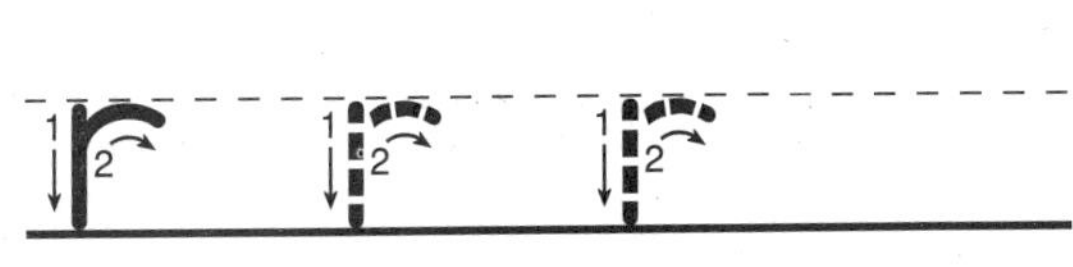

Haz las curvas con cuidado.

Traza y escribe las palabras.

ríe

Rafa

rulo

Traza y escribe la oración.

Rafa  

Nombre ______________________________

El dígrafo rr

Nunca escribas *rr* al principio de una palabra.

Traza y escribe las palabras.

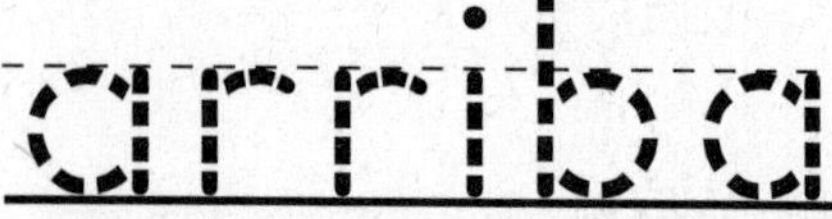

Traza y escribe la oración.

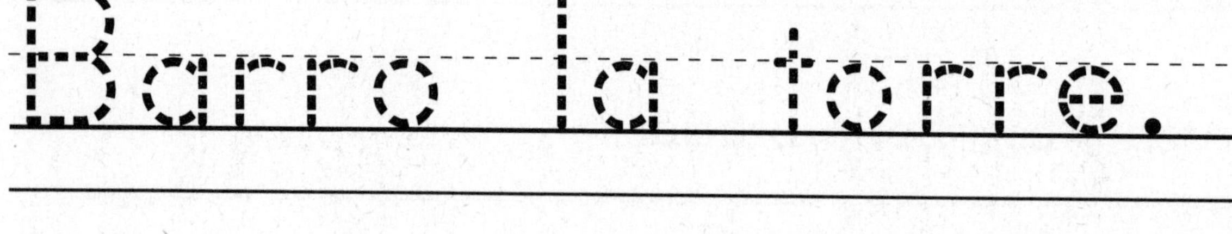

Nombre ______________________________

Sílabas con *r* inicial; sílabas con *rr*

Puedes escribir palabras si conoces los sonidos de las letras y los patrones silábicos comunes. ¡Y recuerda lo que aprendiste sobre cuándo corresponde escribir *r* y *rr*!

Escribe las palabras debajo de cada dibujo.

1\.

2\.

3\.

4\.

Comprueba y corrige las palabras.

Nombre ______________________

La letra Cc

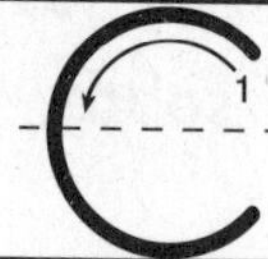

1. Empieza justo abajo del punto más alto. Dibuja una curva hacia atrás.

1. Empieza justo abajo del medio. Dibuja una curva hacia atrás.

conejo

 Traza y escribe las letras.

Encierra en un círculo la mejor.

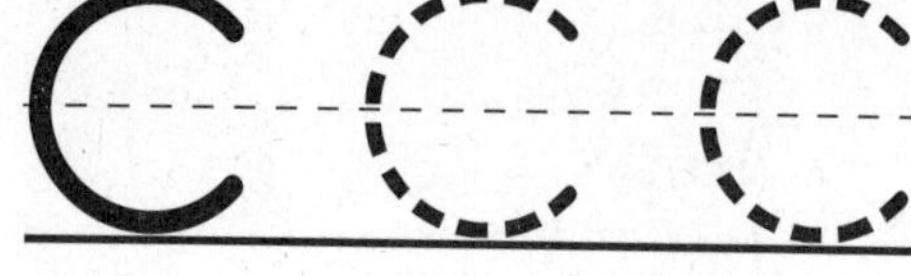

Nombre ______________________________

Lee y reconoce

Lee y reconoce estas palabras para ser un mejor lector.

 Lee la palabra. **se**	Colorea la palabra. se
Lee la palabra. **tengo**	Colorea la palabra. 

Encierra las palabras en un círculo.

todavía tengo se

tengo se todavía

se tengo todavía

Nombre ______________________________________

Lee y reconoce

Lee y reconoce esta palabra para ser un mejor lector.

Lee la palabra.

todavía

Colorea la palabra.

Encierra la palabra en un círculo.

todavía	se	tengo
tengo	se	todavía
se	todavía	tengo

Nombre ______________________________

La letra Cc

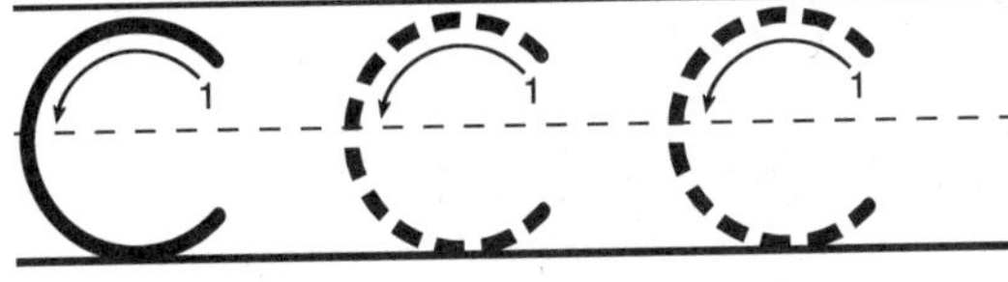

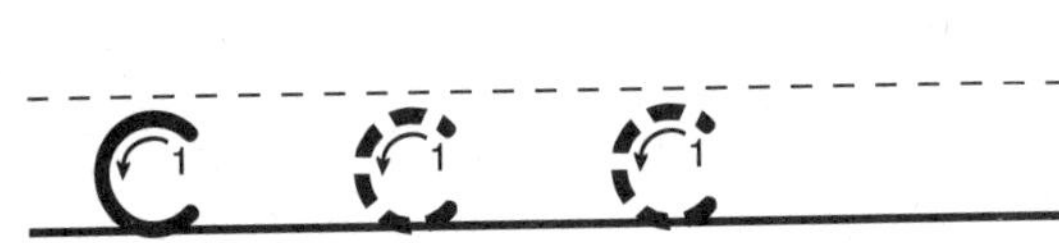

Traza y escribe las palabras.

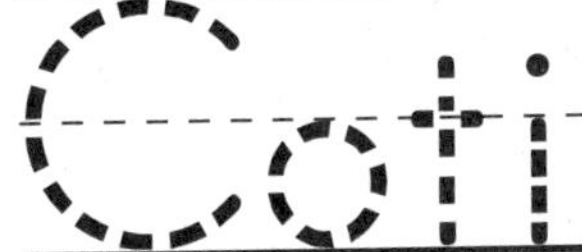

Traza y escribe la oración.

   .

Nombre ___________________________

Clasificar palabras: Sílabas *ca*, *co*, *cu*

Relacionar las letras con los sonidos te ayuda a leer y escribir. Recuerda que las sílabas *ca*, *co*, *cu* pueden ir al principio, en el medio o al final de una palabra.

Lee las palabras.

codo	cama	rica
peca	cuna	saco

Escribe las palabras en la tabla.

Al principio	Al final

Nombre ______________________________

Identificar la sílaba tónica

La sílaba que suena más fuerte en una palabra es la sílaba tónica.

Nombra la palabra.

Colorea el círculo de la sílaba más fuerte.

1. ○ ○ ○

2. ○ ○ ○

3. ○ ○ ○

4. ○ ○ ○

5. ○ ○ ○

Nombre ______________________________

La letra Qq

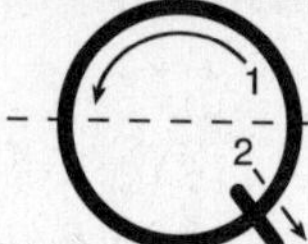

1. Empieza justo abajo del punto más alto. Dibuja un círculo hacia atrás.
2. Vuelve justo arriba del punto más bajo. Baja en diagonal hacia la derecha.

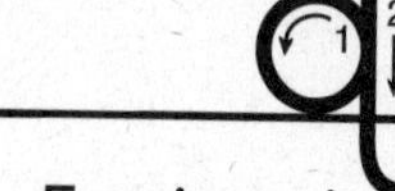

1. Empieza justo abajo del medio. Dibuja un círculo hacia atrás
2. Baja en línea recta pasando la base y dibuja una curva corta hacia arriba.

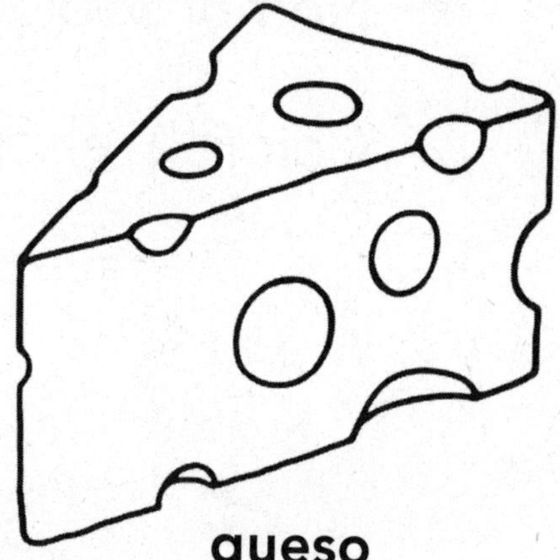

queso

 Traza y escribe las letras.

Encierra en un círculo la mejor.

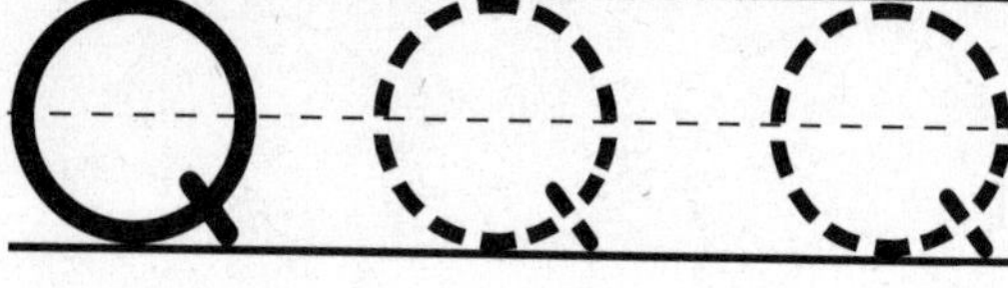

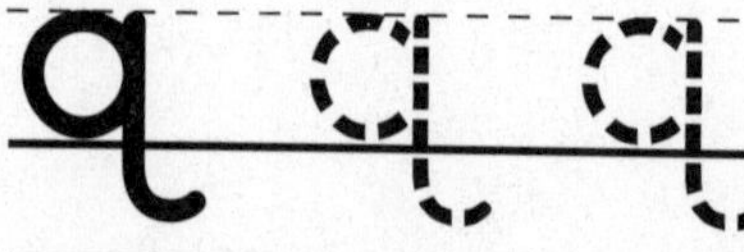

Nombre ______________________________

Lee y reconoce

Lee y reconoce estas palabras para ser un mejor lector.

Lee la palabra.	Colorea la palabra.
bosque	bosque
Lee la palabra.	Colorea la palabra.
ir	ir

Encierra las palabras en un círculo.

noche	bosque	ir
bosque	ir	noche
ir	bosque	noche

Nombre ____________________

Lee y reconoce

Lee y reconoce esta palabra para ser un mejor lector.

Lee la palabra.

noche

Colorea la palabra.

Encierra la palabra en un círculo.

bosque	ir	noche
ir	noche	bosque
noche	bosque	ir

Nombre ____________________

La letra Qq

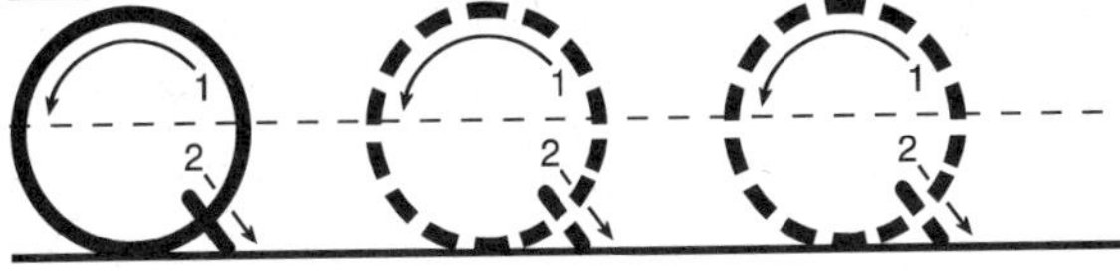

Traza y escribe las palabras.

Roque

aquí

quita

Traza y escribe la oración.

Pon el queso aquí.

Nombre ______________________________

Clasificar palabras: Sílabas *que, qui*

Relacionar las letras con los sonidos te ayuda a leer y escribir. Recuerda que las sílabas *que, qui* pueden ir al principio, en el medio o al final de una palabra.

Lee las palabras.

quemo	buque	caqui
quieto	queda	toque

Escribe las palabras en la tabla.

Al principio	Al final

Nombre ______________________________

Identificar la sílaba tónica

La sílaba que suena más fuerte en una palabra es la sílaba tónica.

Escucha las palabras.

Colorea el círculo de la sílaba que suena más fuerte.

1.

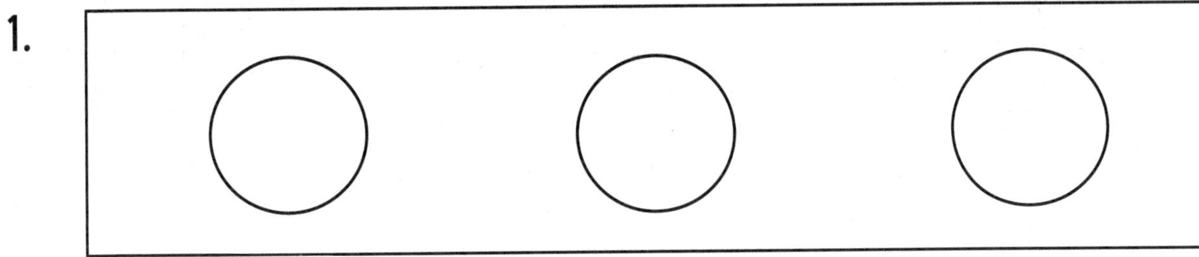

2.

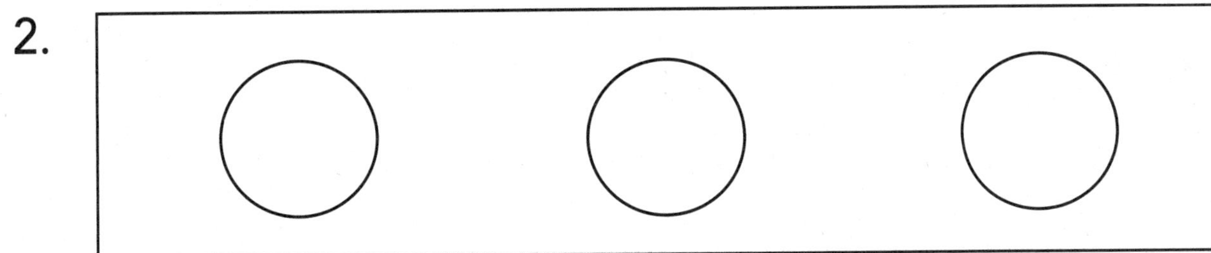

3.

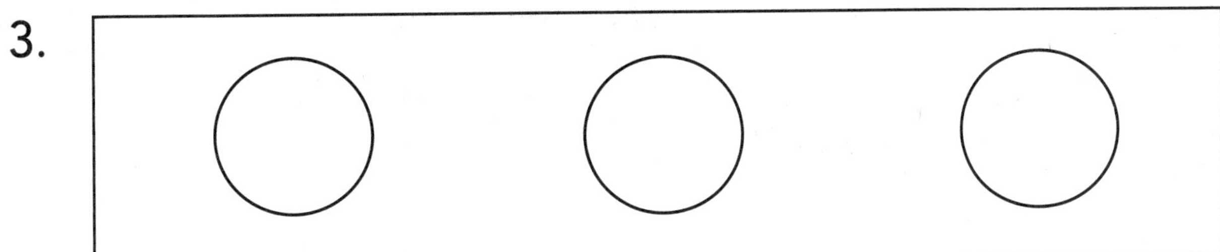

4.

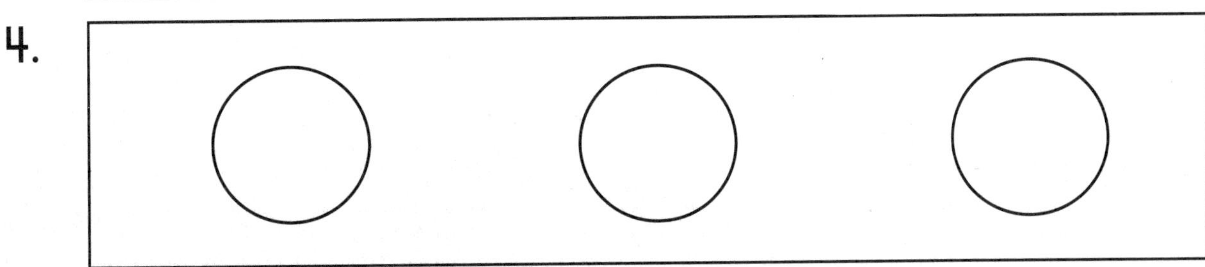

5.

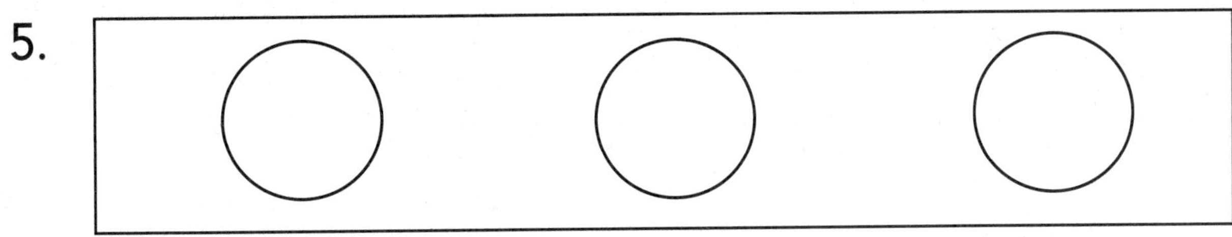

Nombre ______________________

La letra Vv

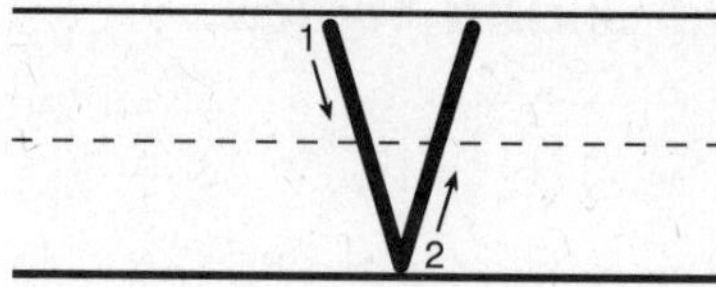

1. Empieza arriba. Baja en diagonal hacia la derecha.
2. Sube en diagonal hacia la derecha.

1. Empieza en el medio. Baja en diagonal hacia la derecha.
2. Sube en diagonal hacia la derecha.

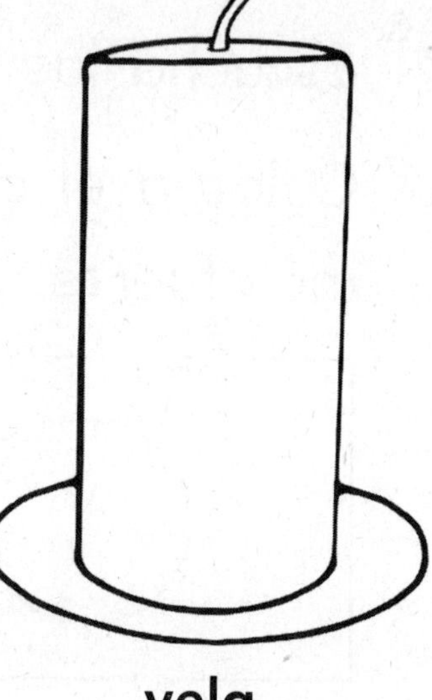

vela

Traza y escribe las letras.

Encierra en un círculo la mejor.

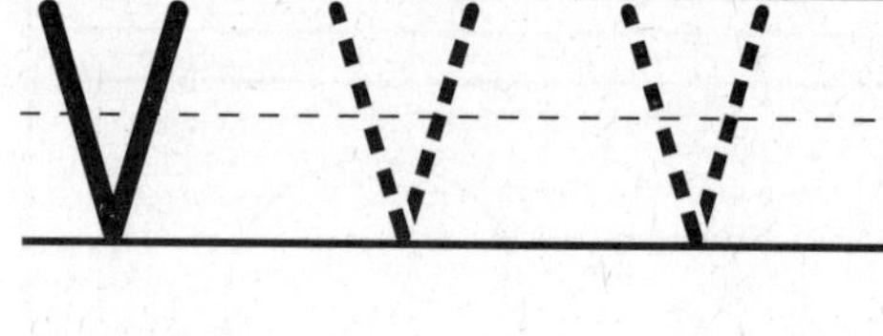

Nombre ______________________________

Lee y reconoce

Lee y reconoce estas palabras para ser un mejor lector.

Encierra las palabras en un círculo.

hasta	quiere	flor
quiere	flor	hasta
flor	hasta	quiere

Nombre ______________________________

Lee y reconoce

Lee y reconoce esta palabra para ser un mejor lector.

Lee la palabra.

quiere

Colorea la palabra.

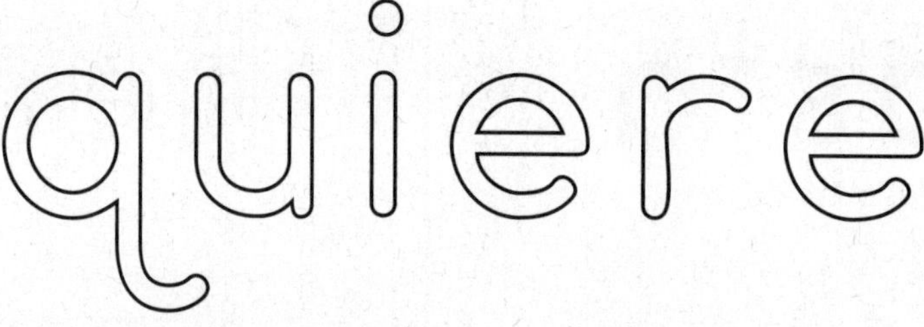

Encierra la palabra en un círculo.

flor	quiere	flor
hasta	hasta	quiere
hasta	flor	quiere

Nombre ______________________________

Omitir sílabas

Las sílabas de las palabras se pueden manipular. Por ejemplo, se puede quitar una sílaba para encontrar una palabra escondida.

Nombra la imagen y separa la palabra en sílabas. Quita la sílaba inicial o media.

Encierra en un círculo la palabra escondida.

Palabra	Palabra escondida	
1. 		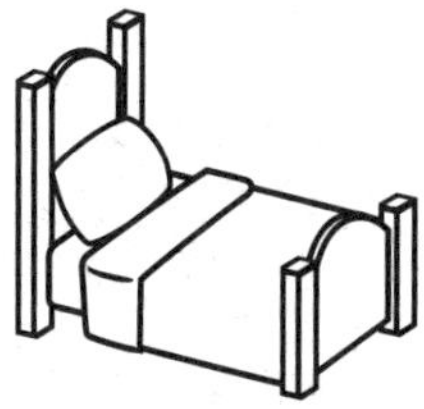
2. 		
3. 		
4. 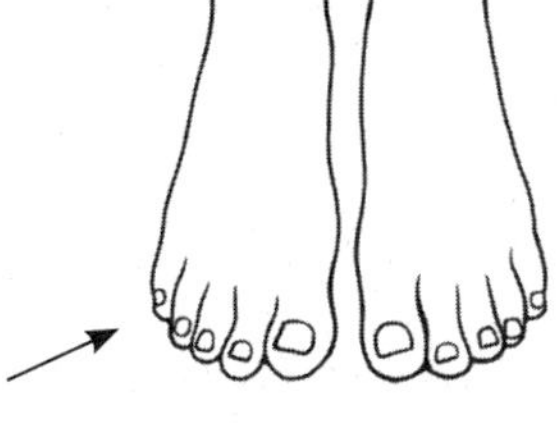		 2

Nombre ______________________________

La letra Vv

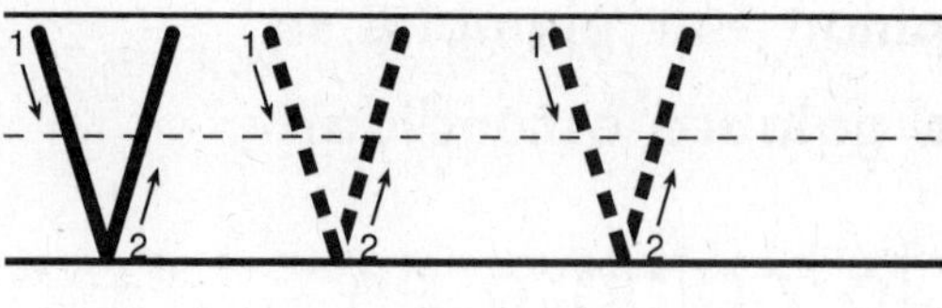

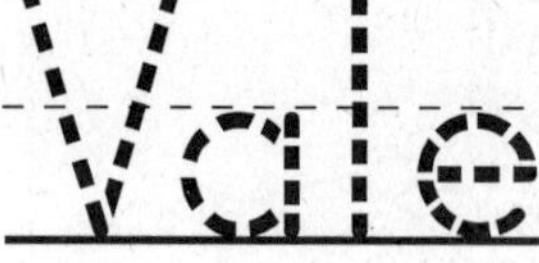

Traza y escribe las palabras.

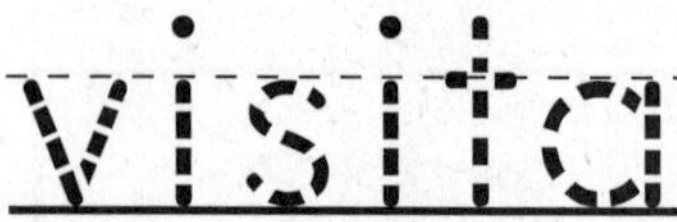

Traza y escribe la oración.

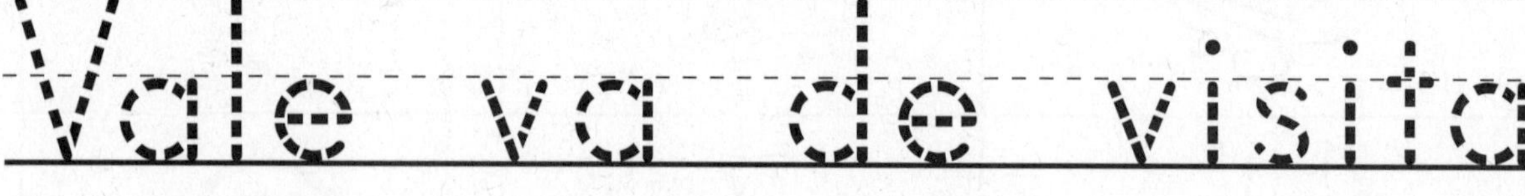

Nombre ________________________________

Clasificar palabras: Sílabas con *v*

Relacionar las letras con los sonidos te ayuda a leer y escribir. Recuerda que las sílabas con *v* pueden ir al principio, en el medio o al final de una palabra.

Lee las palabras.

movi	uva	valen	voló
pavo	nieve	vela	vida

Escribe las palabras en la tabla.

Al principio	Al final

Nombre ______________________________

Lee y reconoce

Lee y reconoce estas palabras para ser un mejor lector.

Lee la palabra.	Colorea la palabra.
hacer	hacer
Lee la palabra.	Colorea la palabra.
idea	idea

Encierra las palabras en un círculo.

hacer yo idea

idea hacer yo

yo idea hacer

Nombre ______________________________

Lee y reconoce

Lee y reconoce esta palabra para ser un mejor lector.

yo

Colorea la palabra.

Encierra la palabra en un círculo.

hacer	yo	idea
idea	hacer	yo
yo	idea	hacer

Nombre ______________________________

Cambiar el orden de las sílabas

Se puede manipular, o cambiar, el orden de las sílabas de una palabra para formar una palabra nueva.

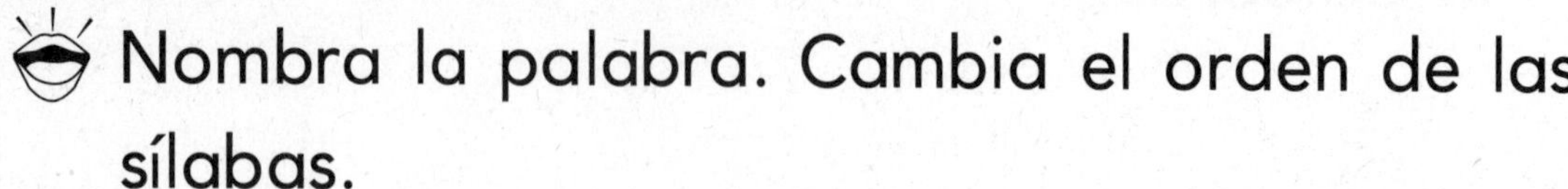

Nombra la palabra. Cambia el orden de las sílabas.

Encierra en un círculo los dibujos con los que formes otra palabra.

1.

2.

3.

4.

5.

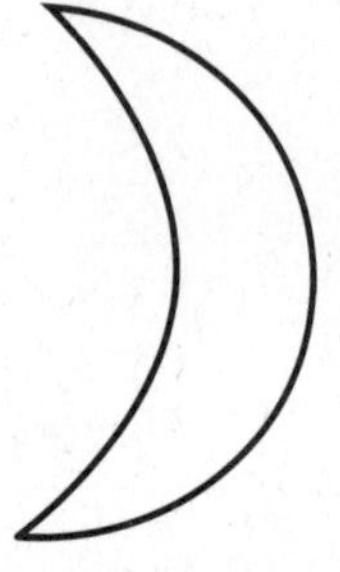

6.

Nombre ______________________________

Sílabas con *r* media y final

Puedes escribir palabras si conoces los sonidos de las letras y los patrones silábicos comunes.

Escribe las palabras debajo de cada dibujo.

1. 

____

2. 

____

3. 

____

4. 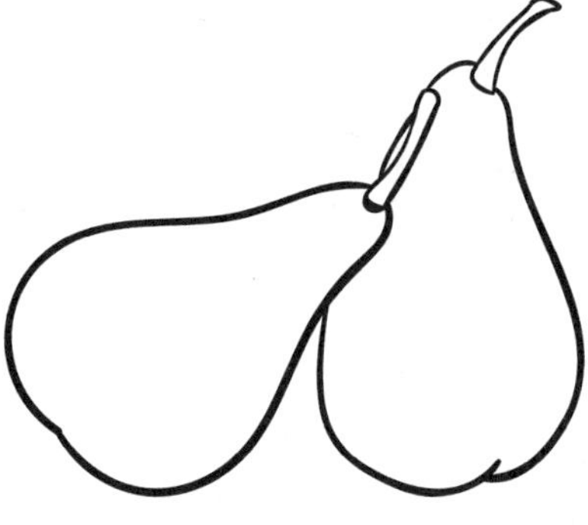

____

Comprueba y corrige las palabras.

Nombre ______________________________

Lee y reconoce

Lee y reconoce estas palabras para ser un mejor lector.

Lee la palabra.	Colorea la palabra.
gusta	gusta
Lee la palabra.	Colorea la palabra.
juntar	juntar

Encierra las palabras en un círculo.

juntar	lleva	gusta
lleva	gusta	juntar
gusta	juntar	lleva

Nombre ______________________________

Lee y reconoce

Lee y reconoce esta palabra para ser un mejor lector.

Lee la palabra.

lleva

Colorea la palabra.

Encierra la palabra en un círculo.

juntar	lleva	gusta
lleva	gusta	juntar
gusta	juntar	lleva

Nombre ______________________________

Segmentar en sílabas

Las palabras se pueden segmentar, o separar, en sílabas.

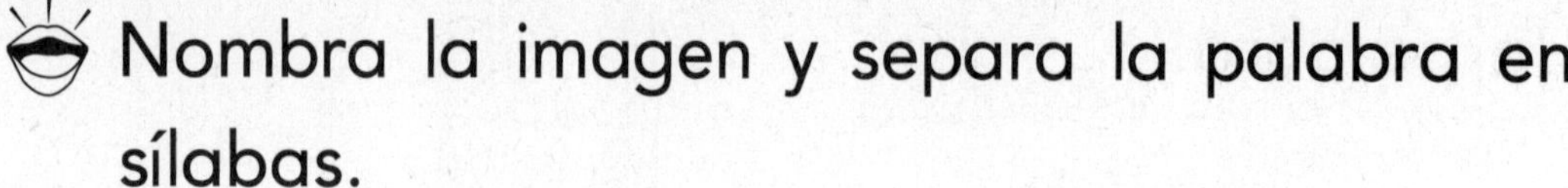

Nombra la imagen y separa la palabra en sílabas.

Colorea un círculo por cada sílaba.

1.  ○ ○ ○ ○

2.  ○ ○ ○ ○

3. 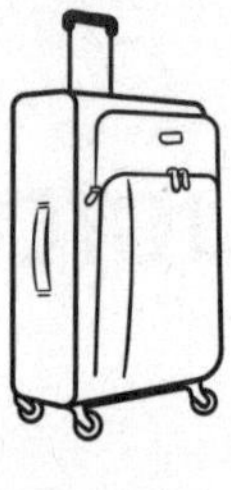 ○ ○ ○ ○

4.  ○ ○ ○ ○

5.  ○ ○ ○ ○

Nombre ______________________________

El dígrafo Ll ll

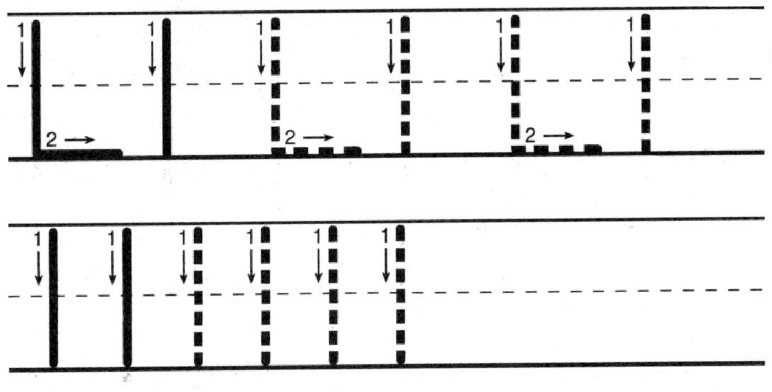

Traza y escribe las palabras.

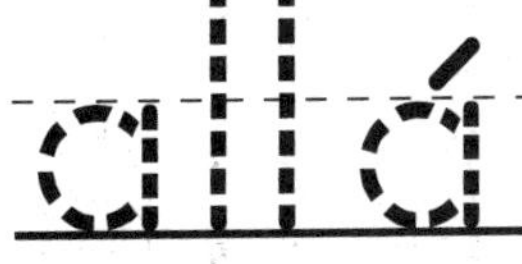

Traza y escribe la oración.

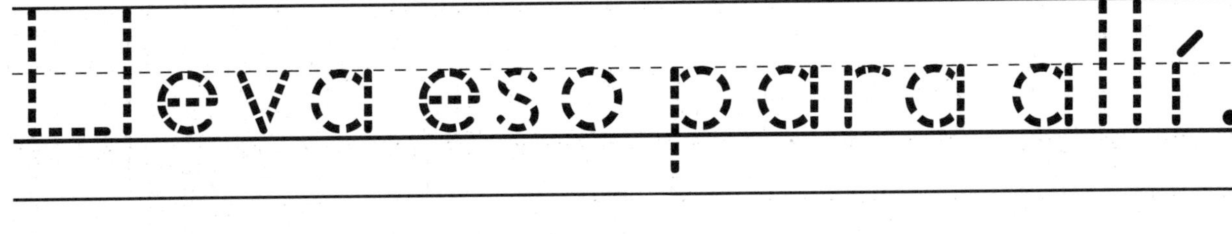

Nombre ______________________________

Clasificar palabras: Sílabas con *ll*

Relacionar las letras con los sonidos te ayuda a leer y escribir. Recuerda que las sílabas con *ll* pueden ir al principio, en el medio o al final de una palabra. Y recuerda que *ll* es un dígrafo, por lo que representa un solo sonido.

Lee las palabras.

llama	pollo	lloro	sello
lleva	bello	calle	lluvia

Escribe las palabras en la tabla.

Al principio	Al final

Nombre ______________________________

Lee y reconoce

Lee y reconoce estas palabras para ser un mejor lector.

Lee la palabra.	Colorea la palabra.
grande	grande
Lee la palabra.	Colorea la palabra.
hermano	hermano

Encierra las palabras en un círculo.

grande	tiempo	hermano
tiempo	hermano	grande
hermano	grande	tiempo

Nombre ______________________________

Lee y reconoce

Lee y reconoce esta palabra para ser un mejor lector.

Lee la palabra.

tiempo

Colorea la palabra.

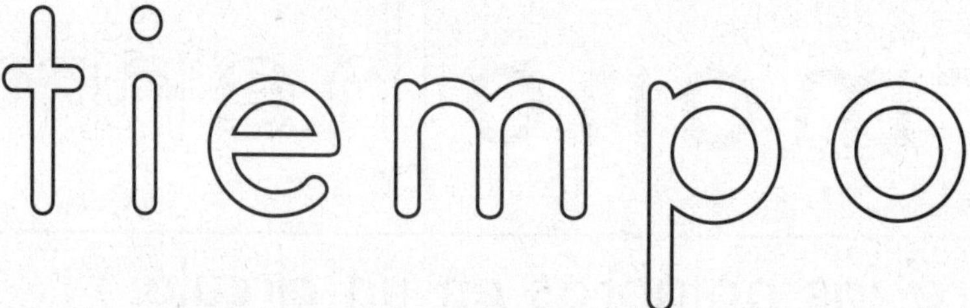

Encierra la palabra en un círculo.

grande	tiempo	hermano
tiempo	hermano	grande
hermano	grande	tiempo

Nombre ________________________________

Formar nuevas palabras

Se pueden crear palabras nuevas cambiando sílabas.

Cambia una sílaba para escribir el nombre de cada dibujo.

1. ______ na	______ na
2. ______ so	______ so
3. pe ______	pe ______

Nombre ____

Combinar sílabas

Las sílabas se pueden combinar para formar palabras.

 Combina las sílabas que escuchas.

Encierra en un círculo la palabra.

1.

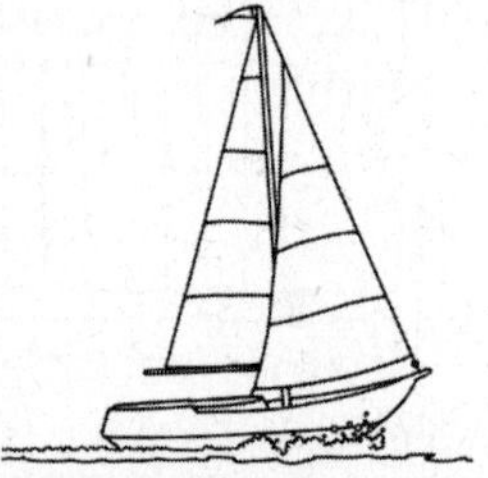

2.

3.

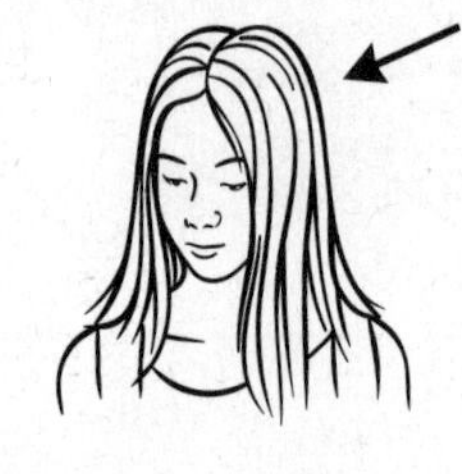

4.

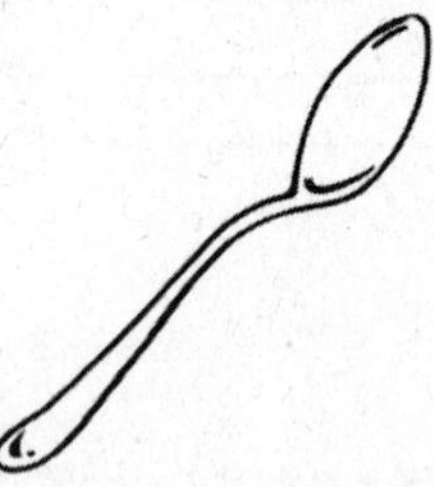

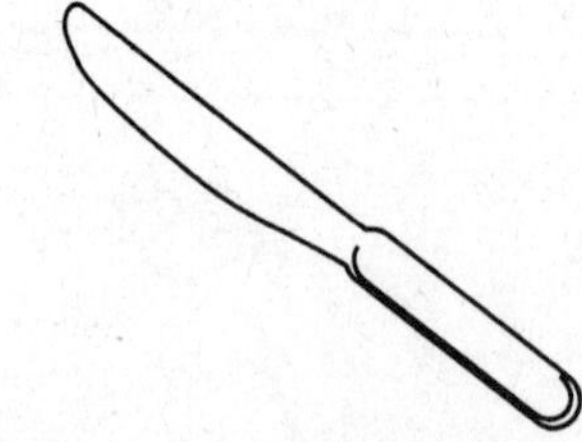

5.

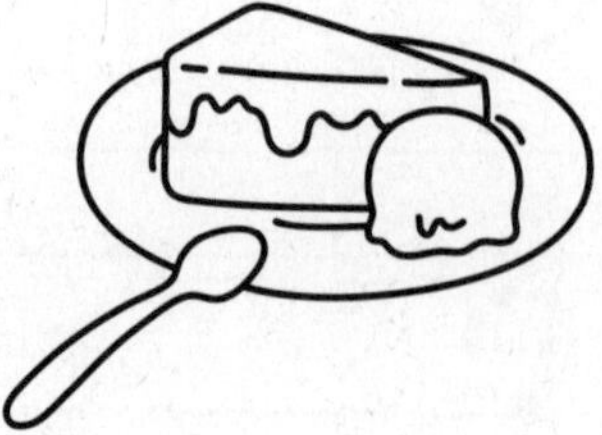

Nombre ______________________________

La letra Gg

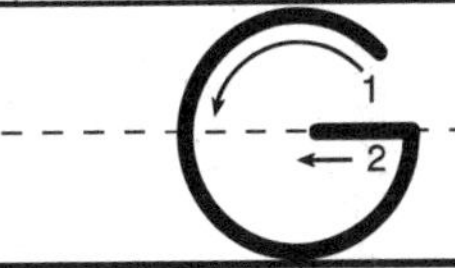

1. Empieza justo abajo del punto más alto. Dibuja una curva hacia atrás.
2. Dibuja una línea hacia la izquierda.

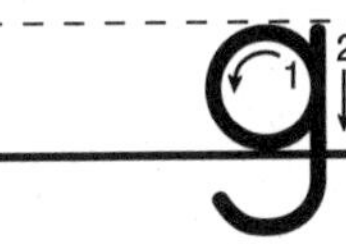

1. Empieza justo abajo del medio. Dibuja un círculo hacia atrás.
2. Baja en línea recta pasando la base y dibuja una curva hacia la izquierda.

gato

 Traza y escribe las letras.

Encierra en un círculo la mejor.

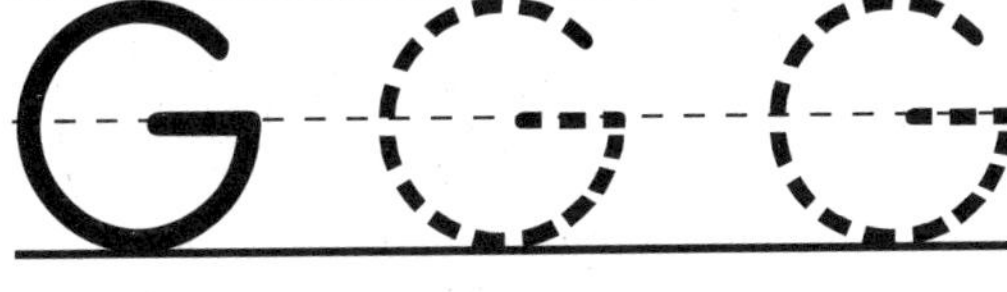

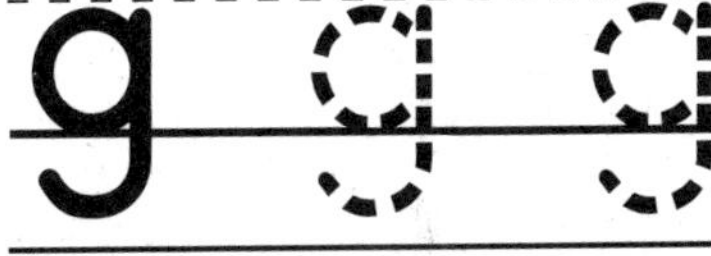

Nombre ______________________________

Lee y reconoce

Lee y reconoce estas palabras para ser un mejor lector.

Lee la palabra.	Colorea la palabra.
barco	barco
Lee la palabra.	**Colorea la palabra.**
estrellas	estrellas

Encierra las palabras en un círculo.

barco	sobre	estrellas
sobre	estrellas	barco
estrellas	barco	sobre

Nombre ______________________________

Lee y reconoce

Lee y reconoce esta palabra para ser un mejor lector.

sobre

Colorea la palabra.

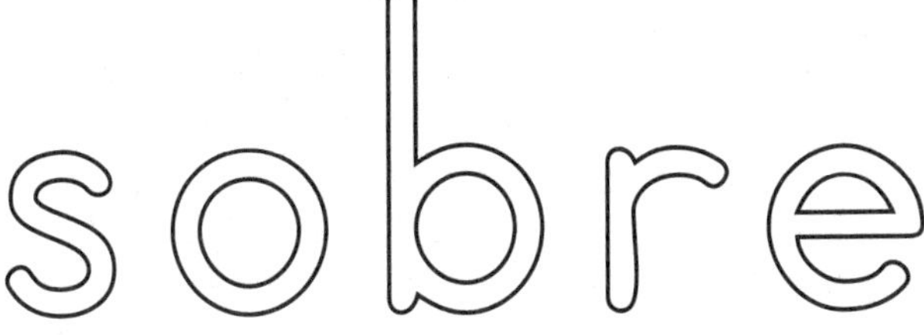

Encierra la palabra en un círculo.

barco	sobre	estrellas
sobre	estrellas	barco
estrellas	barco	sobre

Nombre ____________________

La letra Gg

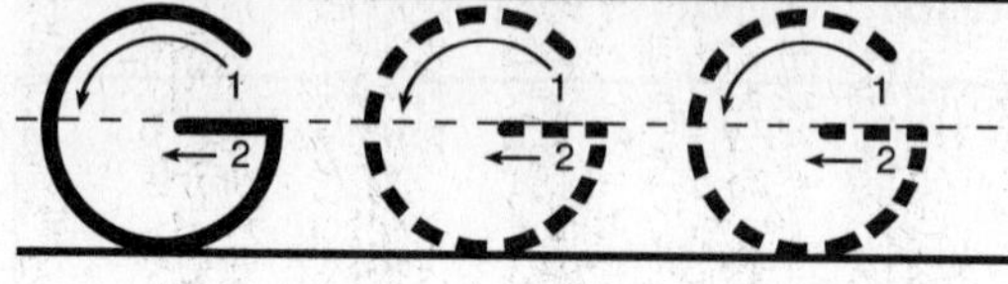

Haz una curva hacia la izquierda para *g*.

g g g

Traza y escribe las palabras.

tengo

Galo

guiso

Traza y escribe la oración.

Tengo ganas de ir.

Nombre ______________________________

Añadir sílabas

Las sílabas de una palabra se pueden manipular. Por ejemplo, se pueden añadir sílabas para formar una palabra nueva.

Escucha las palabras. Luego escucha las sílabas.

Añade la sílaba para formar una palabra nueva.

Colorea la palabra que se forma.

1.

2.

3.

4.

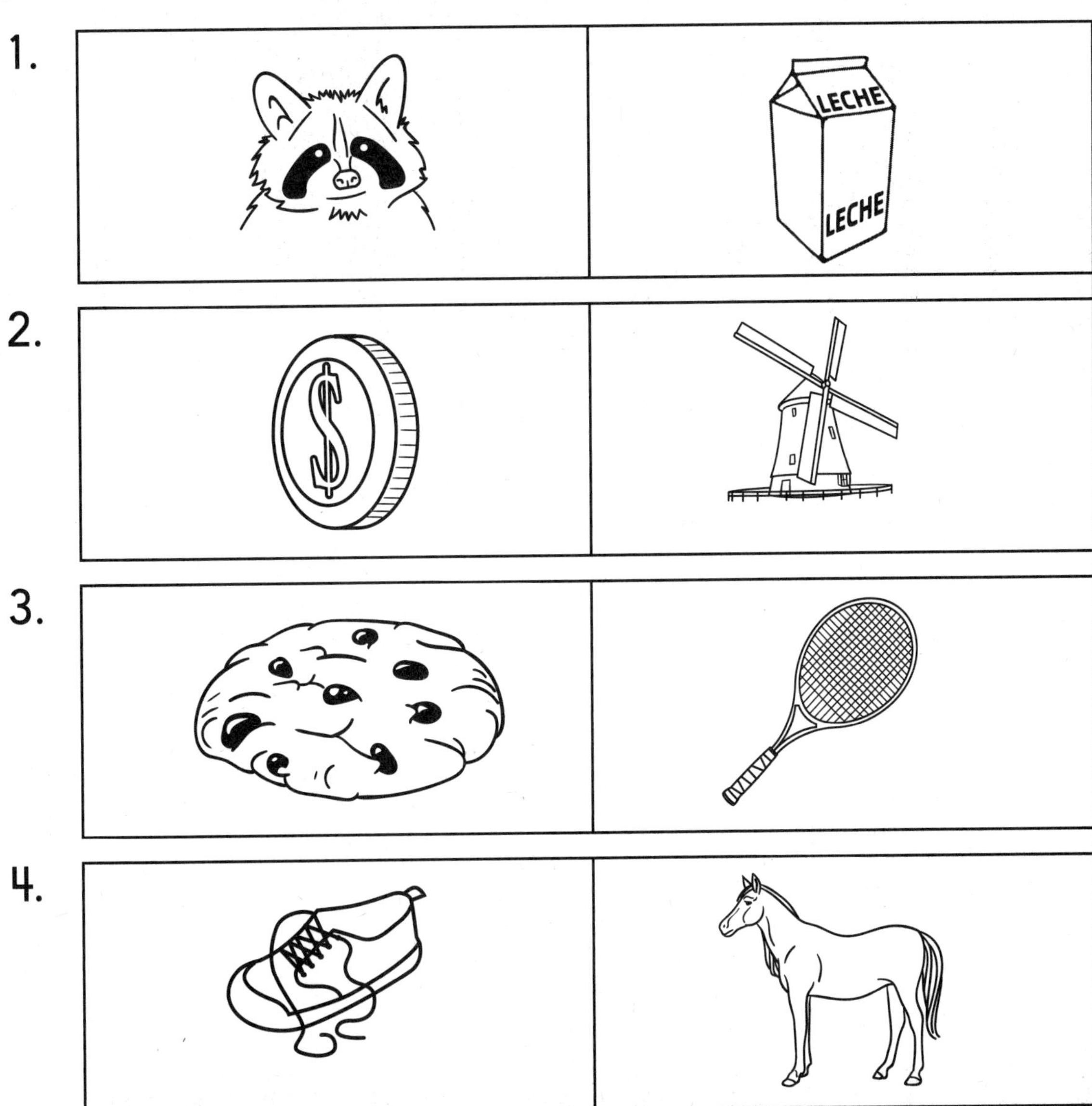

Nombre ________________________________

Sílabas *ga*, *go*, *gu*; sílabas *gue*, *gui*

Puedes escribir palabras si conoces los sonidos de las letras y los patrones silábicos comunes. ¡Y recuerda lo que aprendiste sobre cuándo corresponde escribir *u*!

Escribe las palabras debajo de cada dibujo.

1. 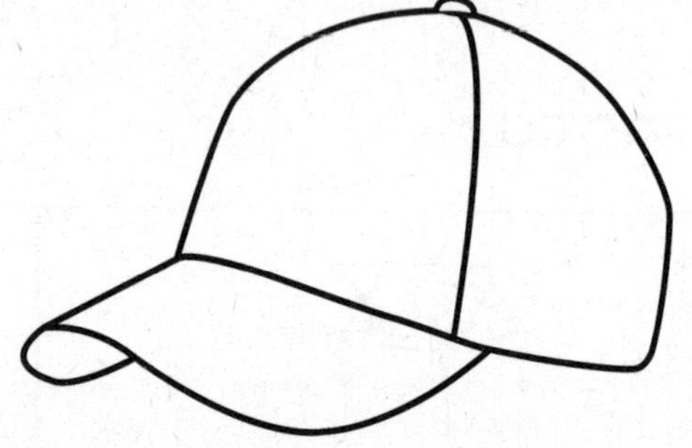

2. 

3. 

4. 

Comprueba y corrige las palabras.

Nombre ______________________________

La letra Yy

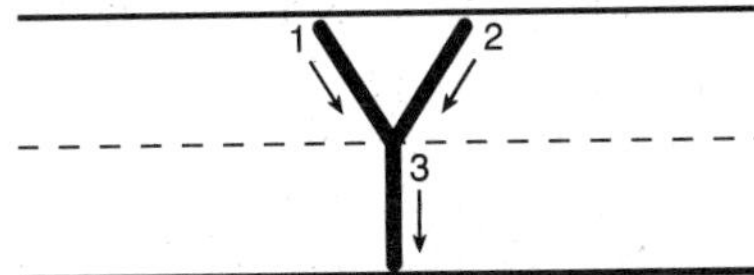

1. Empieza arriba. Dibuja una línea hacia la derecha.
2. Baja en diagonal hacia la izquierda.
3. Dibuja una línea hacia la derecha.

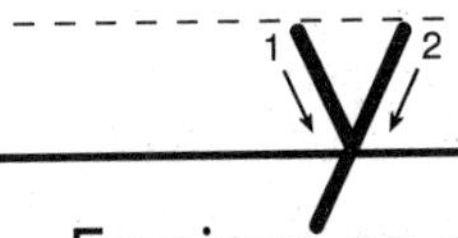

1. Empieza en el medio. Baja en diagonal hacia la izquierda.
2. Párate en el medio. Baja en diagonal hacia la izquierda pasando la base.

yogur

Traza y escribe las letras.

Encierra en un círculo la mejor.

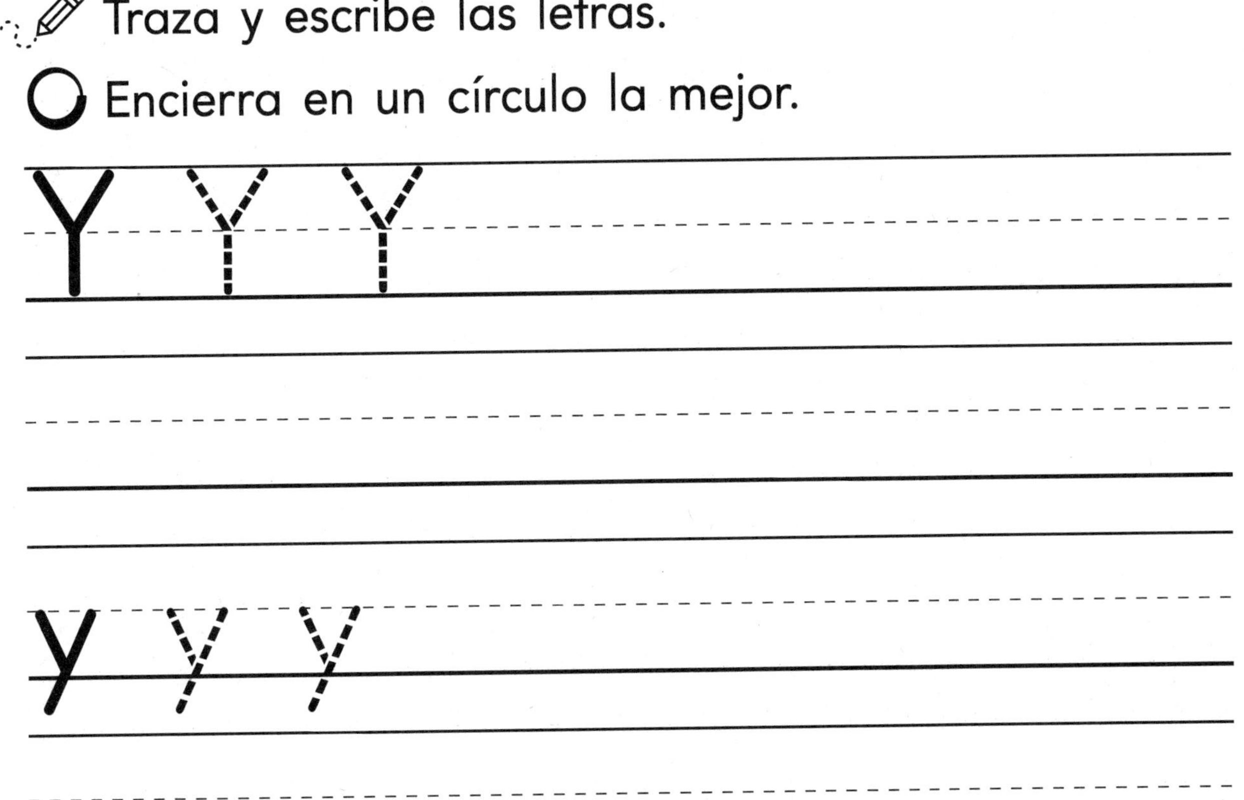

Nombre ____________________

La letra Zz

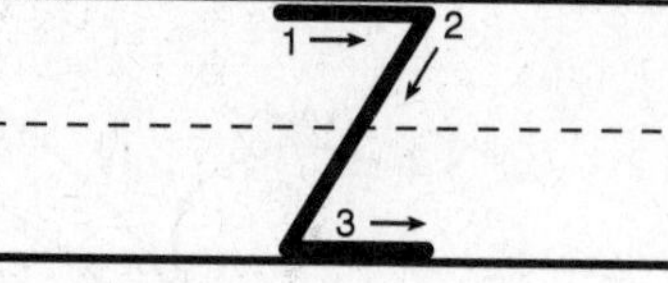

1. Empieza arriba. Dibuja una línea hacia la derecha.
2. Baja en diagonal hacia la izquierda.
3. Dibuja una línea hacia la derecha.

1. Empieza en el medio. Dibuja una línea hacia la derecha.
2. Baja en diagonal hacia la izquierda.
3. Dibuja una línea hacia la derecha.

zanahoria

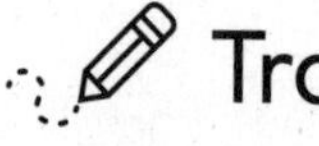 Traza y escribe las letras.

Encierra en un círculo la mejor.

Z Z Z

z z z

Nombre ______________________________

Lee y reconoce

Lee y reconoce estas palabras para ser un mejor lector.

Lee la palabra.	Colorea la palabra.
hace	hace
Lee la palabra.	**Colorea la palabra.**
mejor	mejor

Encierra las palabras en un círculo.

ya	mejor	hace
mejor	hace	ya
hace	ya	mejor

Nombre ______________________________

Lee y reconoce

Lee y reconoce esta palabra para ser un mejor lector.

Lee la palabra.

ya

Colorea la palabra.

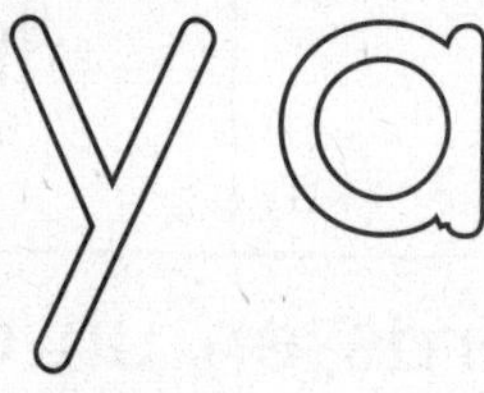

Encierra la palabra en un círculo.

ya	mejor	hace
mejor	hace	ya
hace	ya	mejor

Nombre ______________________

La letra Yy

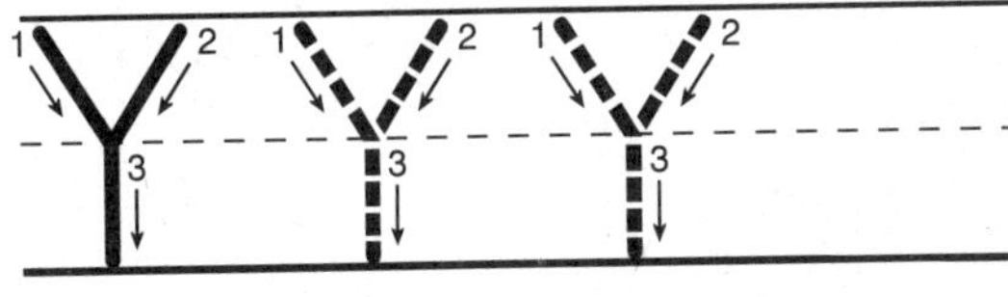

Recuerda pasarte la línea de abajo para *y*.

Traza y escribe las palabras.

cayó

desayuno

Yoel

Traza y escribe la oración.

Yo desayuno pan.

Nombre ______________________________

La letra Zz

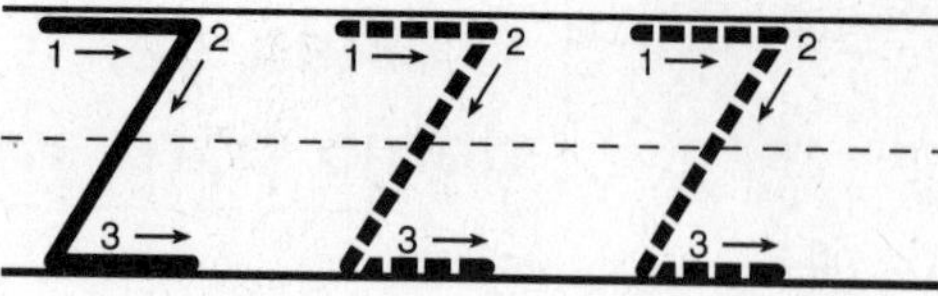

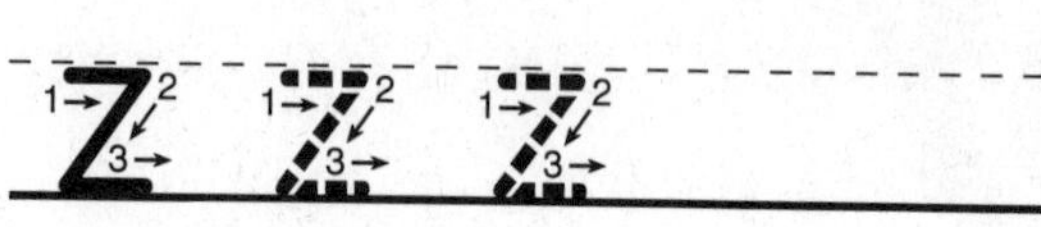

Mantén la hoja derecha.

Traza y escribe las palabras.

luz

Zoe

taza

Traza y escribe la oración.

Zoe toma una taza.

Nombre ______________________________

Identificar el sonido inicial

Si prestas atención, puedes identificar el sonido inicial de una palabra.

Nombra la imagen e identifica el primer sonido.

Copia el dibujo con el mismo sonido inicial.

1. 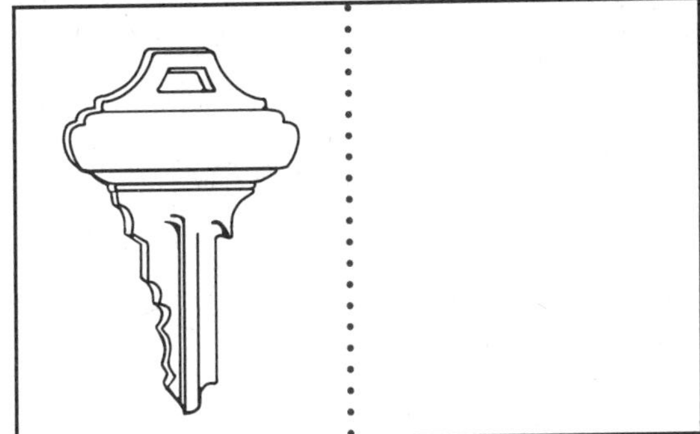

4. 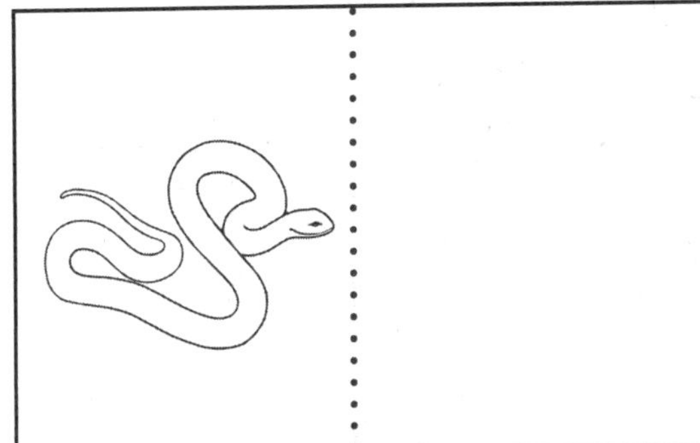

2. 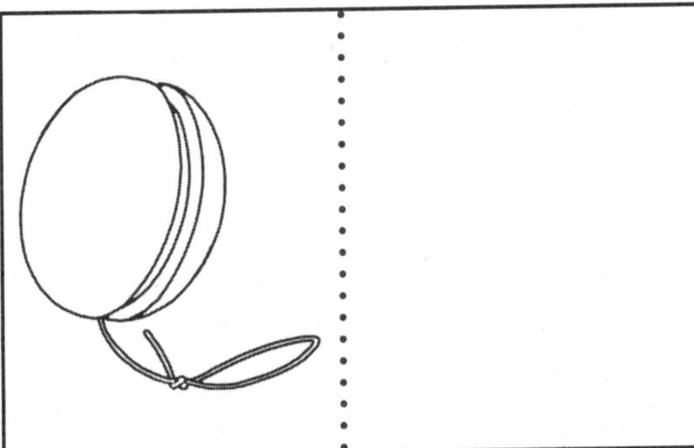

5. 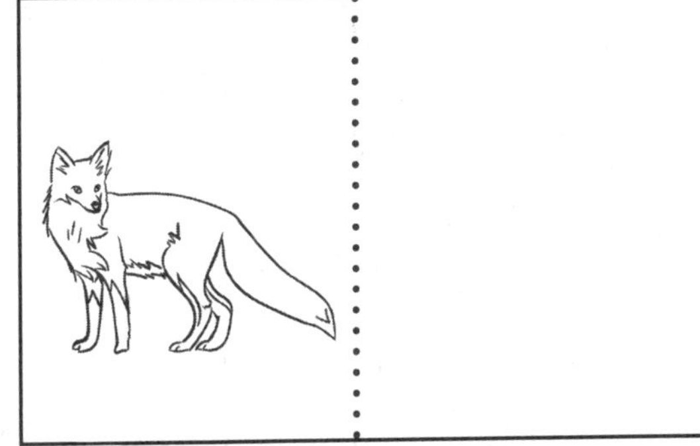

3. 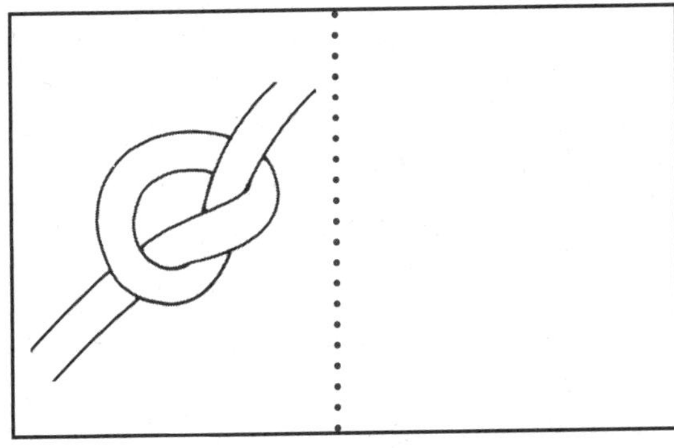

6. 

Nombre ______________________________

Sílabas con *y* inicial; sílabas con *z*

Puedes escribir palabras si conoces los sonidos de las letras y los patrones silábicos comunes.

Lee las palabras.

zapato	yogur	payaso	cruz

Escribe las palabras debajo del dibujo correcto.

1. 

____

2. 

____

3. 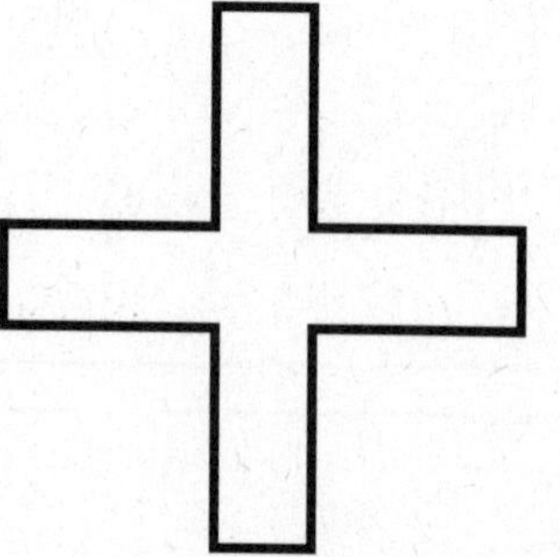

____

4. 

____

Nombre ______________________________

La letra Hh

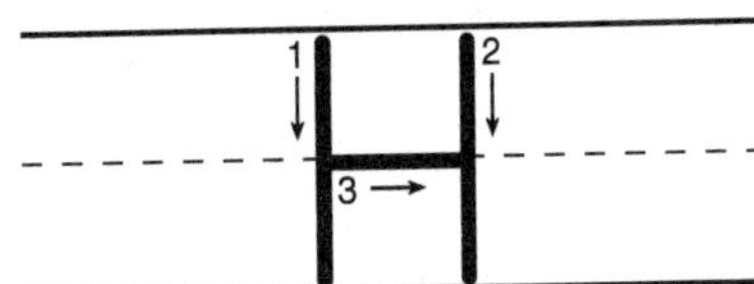

1. Empieza arriba. Baja en línea recta.
2. Vuelve arriba. Baja en línea recta.
3. Párate en el medio. Dibuja una línea hacia la derecha.

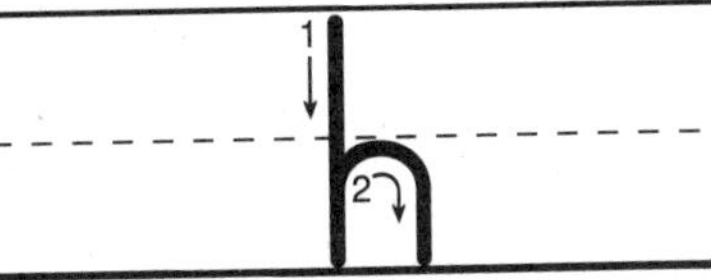

1. Empieza arriba. Baja en línea recta.
2. Sube, dibuja una curva hacia delante y baja en línea recta.

hola

Traza y escribe las letras.

Encierra en un círculo la mejor.

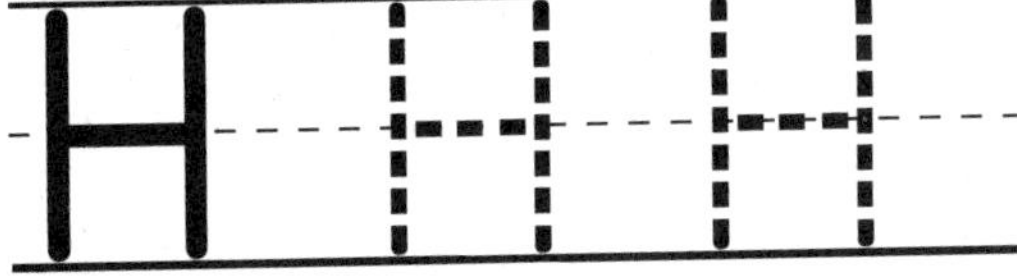

H H H

h h h

Nombre ______________________

La letra Jj

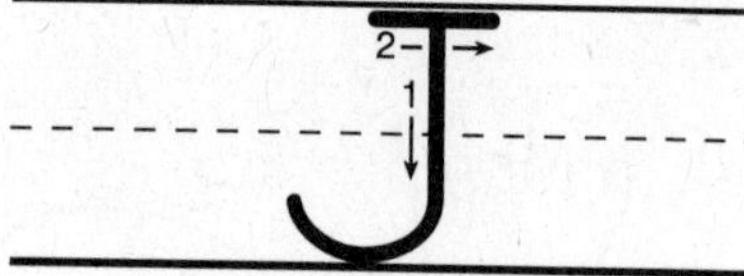

1. Empieza arriba. Baja en línea recta y dibuja una curva hacia la izquierda.
2. Vuelve arriba. Dibuja una línea hacia la derecha.

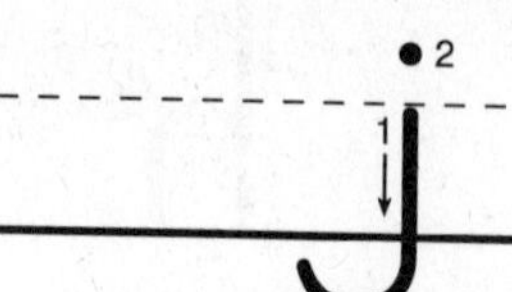

1. Empieza en el medio. Baja en línea recta pasando la base y dibuja una curva hacia la izquierda.
2. Sube y marca un punto.

jabón

 Traza y escribe las letras.

Encierra en un círculo la mejor.

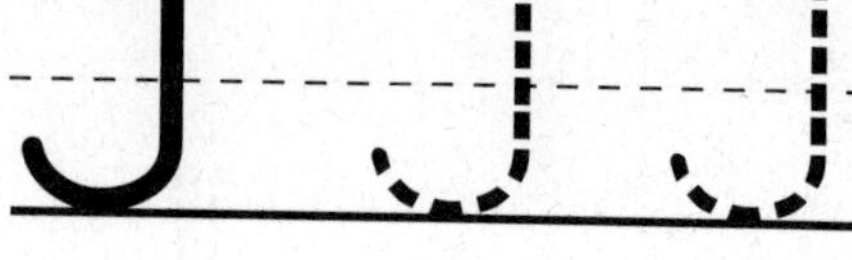

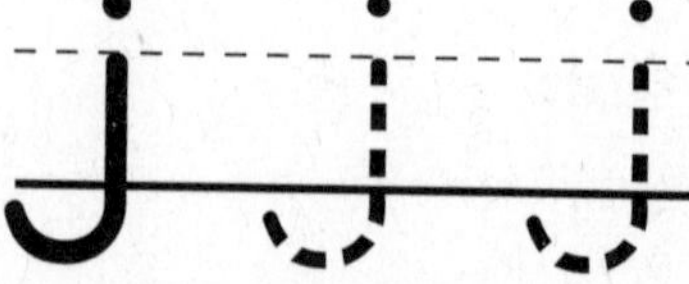

Nombre ____________________

Lee y reconoce

Lee y reconoce estas palabras para ser un mejor lector.

Encierra las palabras en un círculo.

muy cumpleaños ha

cumpleaños ha muy

ha muy cumpleaños

Nombre ____

Lee y reconoce

Lee y reconoce esta palabra para ser un mejor lector.

Lee la palabra.

muy

Colorea la palabra.

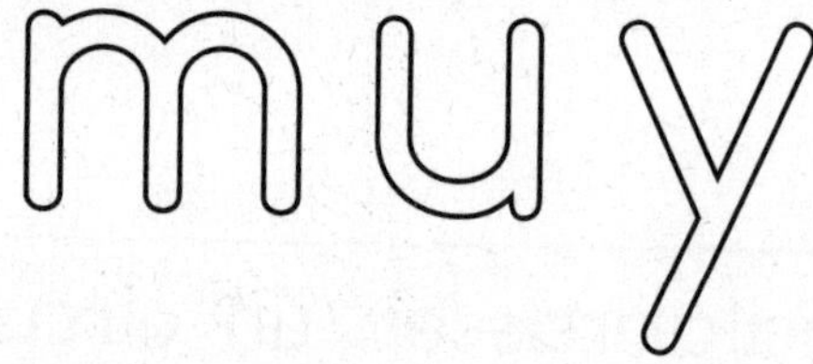

Encierra la palabra en un círculo.

muy cumpleaños ha

cumpleaños ha muy

ha muy cumpleaños

Nombre ___________________________________

Combinar sonidos

Puedes combinar, o juntar, sonidos para formar sílabas y palabras.

Combina los sonidos que escuchas.

Encierra en un círculo la palabra.

1.

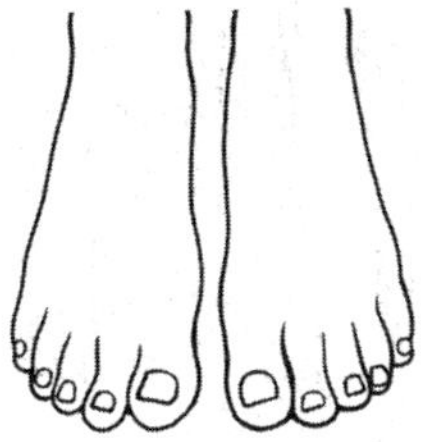

2.

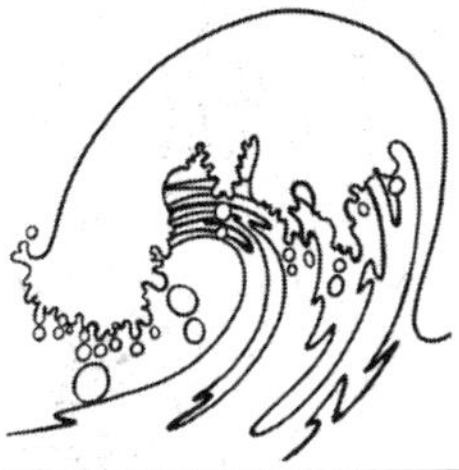

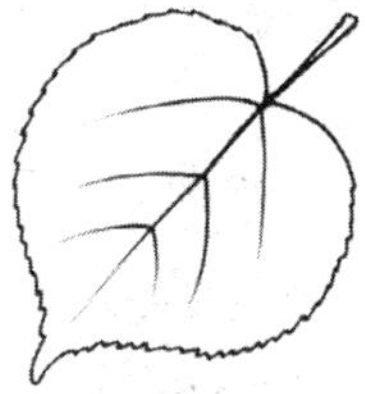

3.

4.

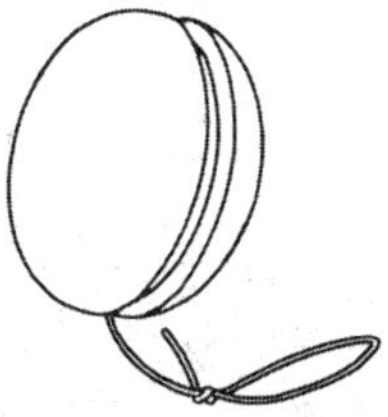

5.

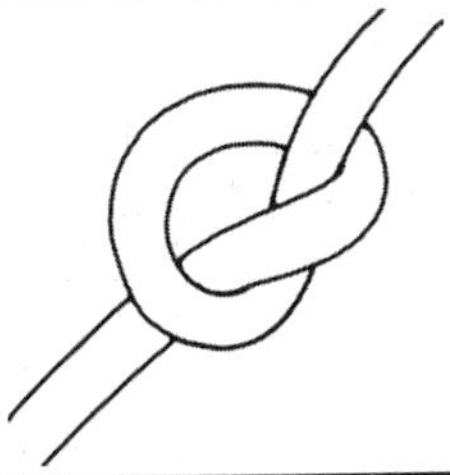

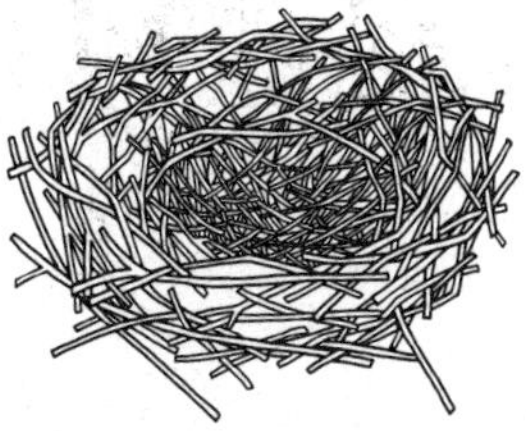

Nombre ______________________________

La letra Hh

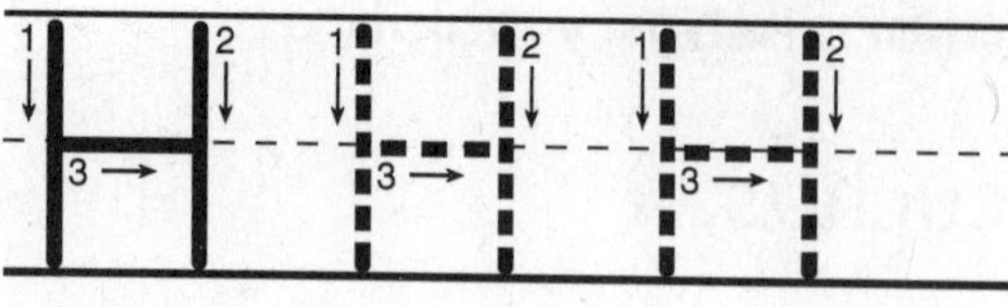

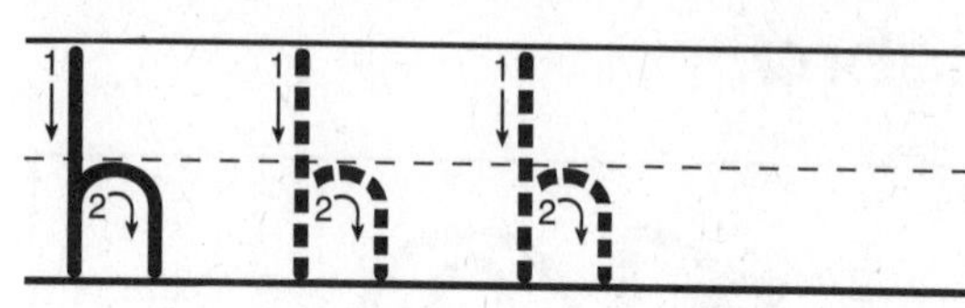

Recuerda escribir la *h* aunque no la pronuncies cuando lees.

 Traza y escribe las palabras.

Hugo

ahí

hasta

 Traza y escribe la oración.

Pon los huevos ahí.

Nombre ___________________________

La letra Jj

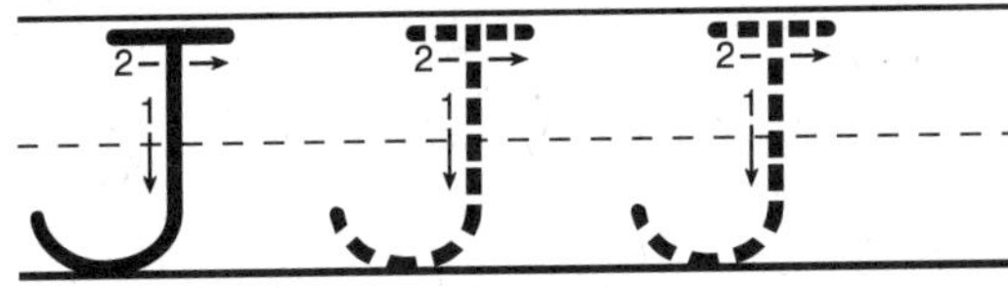

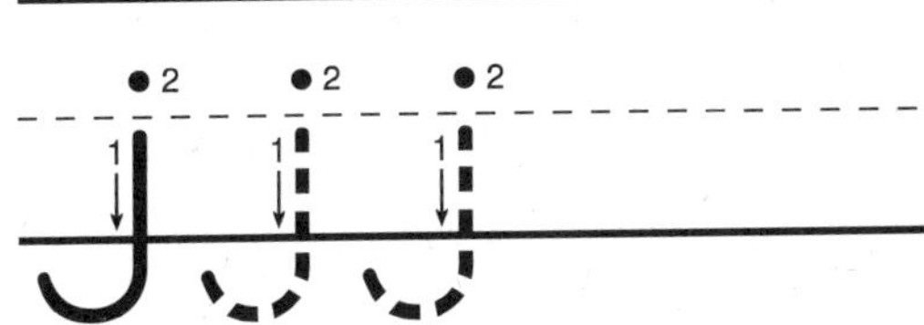

Traza y escribe las palabras.

ají

lejos

Juana

Traza y escribe la oración.

Juana vive lejos.

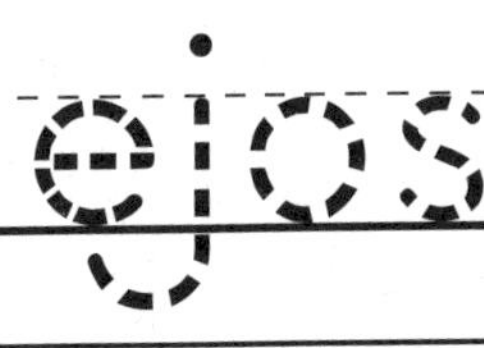

Nombre ______________________________

Sílabas con *h*; sílabas con *j* /j/

Puedes leer y escribir palabras si conoces los sonidos de las letras y los patrones silábicos comunes. Recuerda que la *h* es muda.

Lee las palabras.

Escribe las palabras debajo del dibujo correcto.

hoja	hueso	jirafa	caja

1.

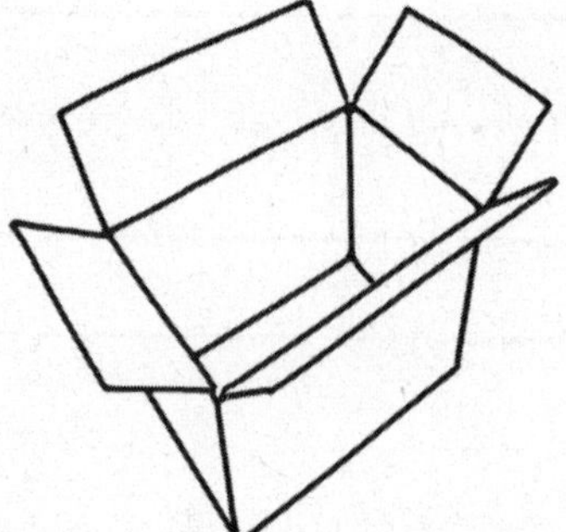

2.

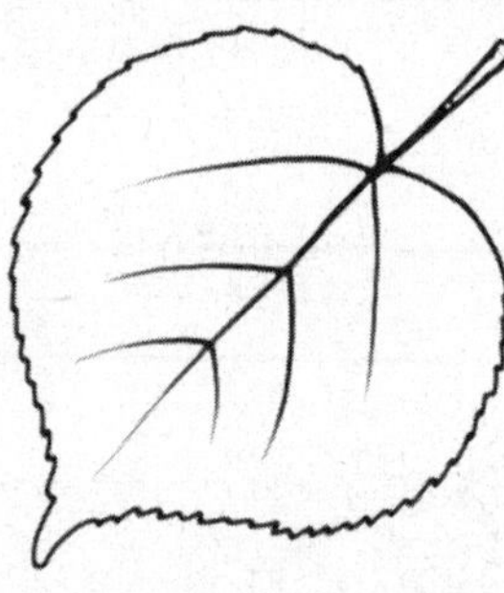

3.

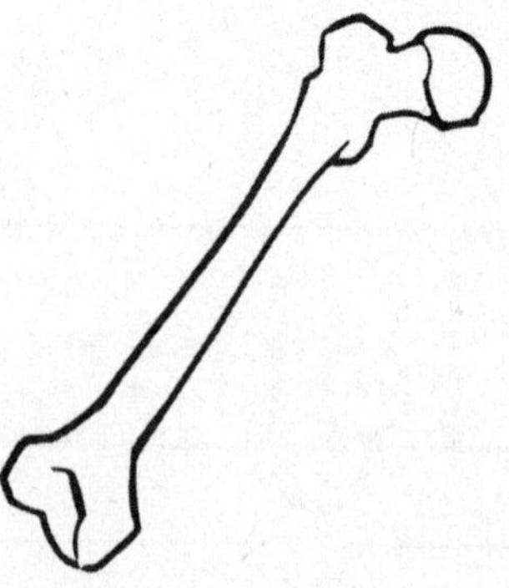

4.

Nombre ______________________

Lee y reconoce

Lee y reconoce estas palabras para ser un mejor lector.

Lee la palabra.	Colorea la palabra.
ella	ella
Lee la palabra.	Colorea la palabra.
pregunta	pregunta

Encierra las palabras en un círculo.

siempre ella pregunta

ella pregunta siempre

pregunta siempre ella

Nombre ______________________________

Lee y reconoce

Lee y reconoce esta palabra para ser un mejor lector.

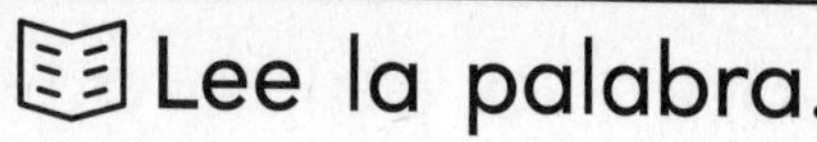

Lee la palabra.

siempre

Colorea la palabra.

Encierra la palabra en un círculo.

siempre	ella	pregunta
ella	pregunta	siempre
pregunta	siempre	ella

Nombre ______________________________

Clasificar palabras: Sílabas *ce, ci*

Relacionar las letras con los sonidos te ayuda a leer y escribir. Recuerda que las sílabas *ce, ci* pueden ir al principio, en el medio o al final de una palabra.

Lee las palabras.

ceja	cima	dice	cine
hace	cero	once	dulce

Escribe las palabras en la tabla.

Al principio	Al final

Nombre ______________________________

Separar palabras en sonidos

Puedes identificar los sonidos de una palabra si los cuentas.

Nombra la imagen y separa la palabra en sonidos.

Colorea un círculo por cada sonido.

1.

2.

3.

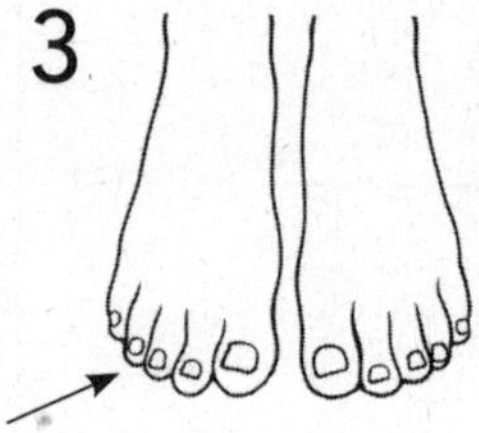

4.

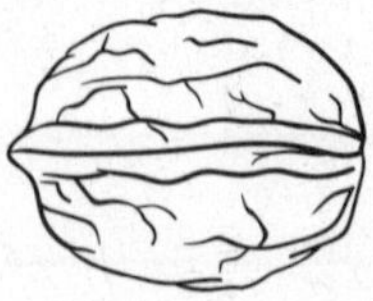

5.

Nombre ____________________

La letra Ññ

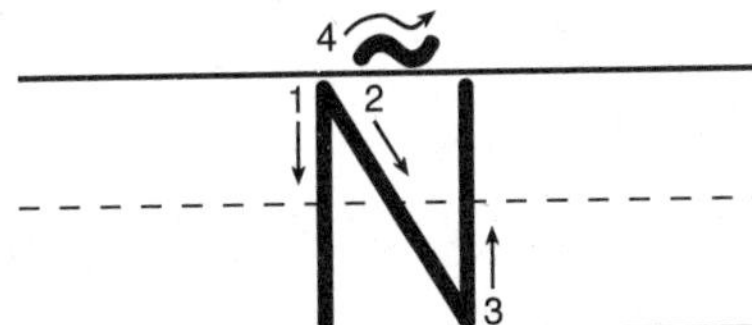

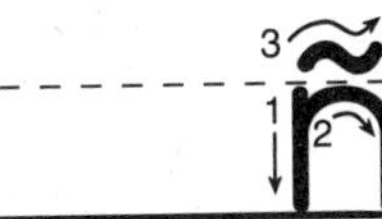

1. Empieza arriba. Baja en línea recta.
2. Vuelve arriba. Baja en diagonal hacia la derecha.
3. Sube en línea recta.
4. Vuelve arriba y dibuja una curva hacia arriba seguida de otra hacia abajo.

1. Empieza en el medio. Baja en línea recta.
2. Sube, dibuja una curva hacia delante y baja en línea recta.
3. Vuelve arriba y dibuja una curva hacia arriba seguida de otra hacia abajo.

ñandú

 Traza y escribe las letras.

Encierra en un círculo la mejor.

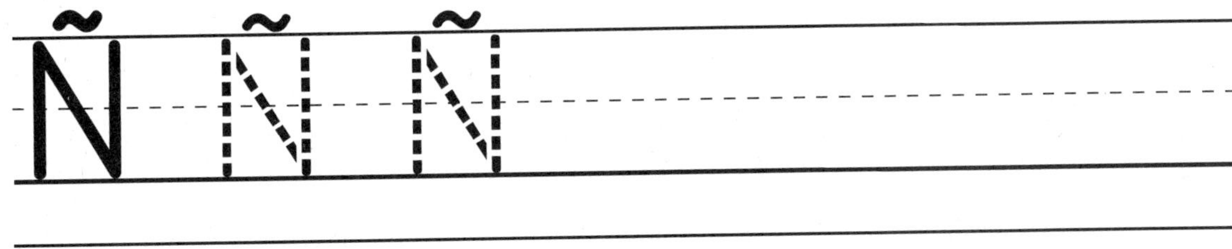

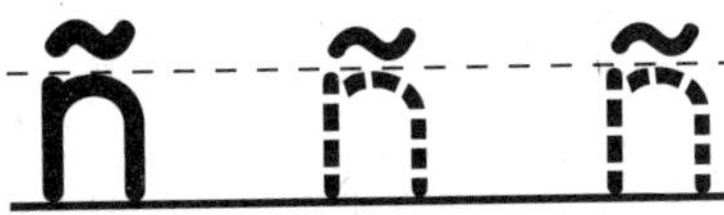

Nombre ____

Lee y reconoce

Lee y reconoce estas palabras para ser un mejor lector.

Lee la palabra.	Colorea la palabra.
aprender	aprender
Lee la palabra.	Colorea la palabra.
dentro	dentro

Encierra las palabras en un círculo.

dentro	aprender	pequeño
pequeño	dentro	aprender
aprender	pequeño	dentro

Nombre ______________________________

Lee y reconoce

Lee y reconoce esta palabra para ser un mejor lector.

Lee la palabra.

pequeño

Colorea la palabra

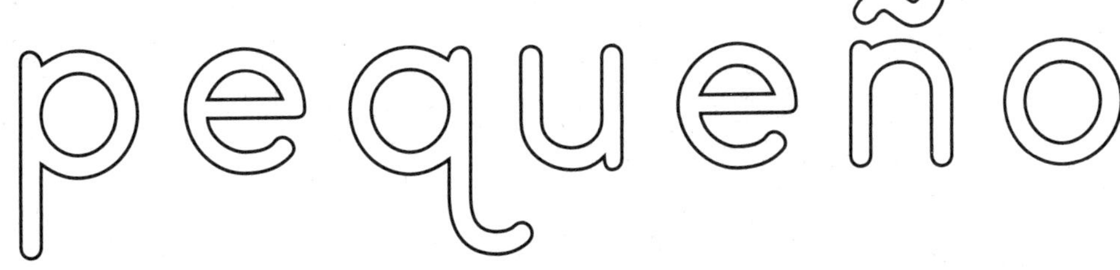

Encierra la palabra en un círculo.

dentro	aprender	pequeño
pequeño	dentro	aprender
aprender	pequeño	dentro

Nombre ______________________________

La letra Ññ

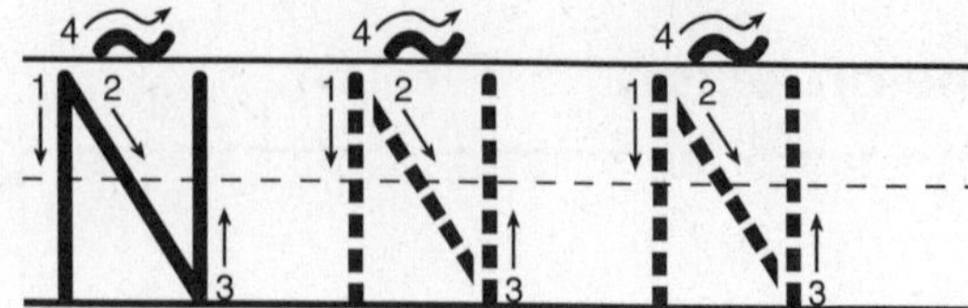

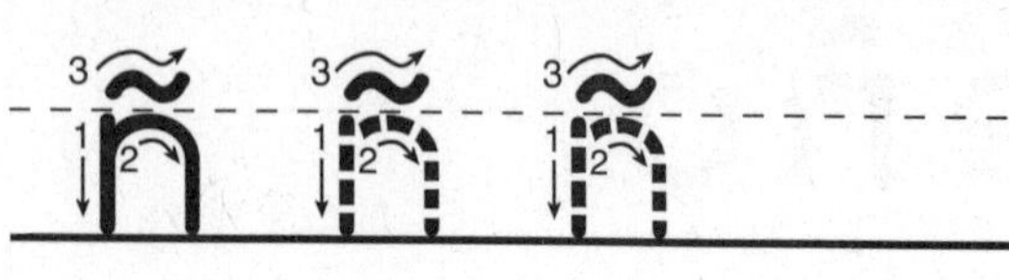

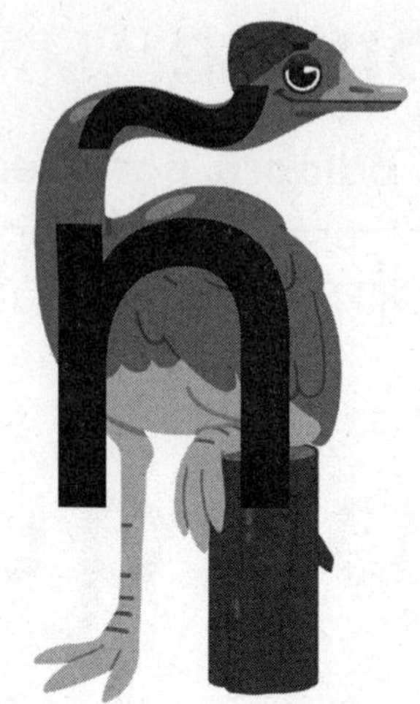

Recuerda poner la tilde.

Traza y escribe las palabras.

piña

sueño

años

Traza y escribe la oración.

Nuño tiene sueño.

Nombre ______________________________

Clasificar palabras: Sílabas con *ñ*

Relacionar las letras con los sonidos te ayuda a leer y escribir. Recuerda que las sílabas con *ñ* pueden ir al principio, en el medio o al final de una palabra.

Lee las palabras.

mañana	riña	meñique	teñí
daño	cariño	señala	

Escribe las palabras en la tabla.

En el medio	Al final

Nombre ______________________________

Identificar el sonido inicial

Puedes identificar el sonido inicial, que es con el que empieza una palabra.

Copia los dibujos debajo del dibujo que tiene el mismo sonido inicial.

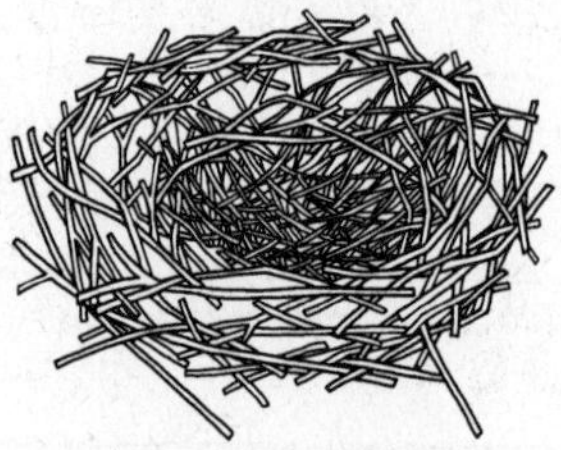

Nombre ______________________________

Lee y reconoce

Lee y reconoce estas palabras para ser un mejor lector.

Lee la palabra.	Colorea la palabra.
animales	animales
Lee la palabra.	Colorea la palabra.
gracias	gracias

Encierra las palabras en un círculo.

gracias	animales	madre
madre	gracias	animales
animales	madre	gracias

Nombre ______________________________

Lee y reconoce

Lee y reconoce esta palabra para ser un mejor lector.

Lee la palabra.

madre

Colorea la palabra.

Encierra la palabra en un círculo.

gracias	animales	madre
madre	gracias	animales
animales	madre	gracias

Nombre ____

Identificar los sonidos inicial, medio y final

Puedes identificar los sonidos inicial, medio y final de las palabras.

Separa los sonidos de la palabra.

Dibuja una palabra con el mismo sonido inicial.

Dibuja una palabra con el mismo sonido medio.

Dibuja una palabra con el mismo sonido final.

Nombre ______________________________

Clasificar palabras: Sílabas *ge*, *gi*

Relacionar las letras con los sonidos te ayuda a leer y escribir. Recuerda que las sílabas *ge*, *gi* pueden ir al principio, en el medio o al final de una palabra.

Lee las palabras.

dirige	elegí	recoge
ingenio	mágico	rugido

Escribe las palabras en la tabla.

En el medio	Al final

Nombre ______________________

Lee y reconoce

Lee y reconoce estas palabras para ser un mejor lector.

Lee la palabra.	Colorea la palabra.
cómo	cómo
Lee la palabra.	**Colorea la palabra.**
cuando	cuando

Encierra las palabras en un círculo.

cuando	cómo	encuentra
encuentra	cuando	cómo
cómo	encuentra	cuando

Nombre ______________________________

Lee y reconoce

Lee y reconoce esta palabra para ser un mejor lector.

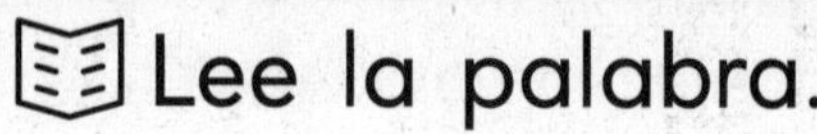
Lee la palabra.

encuentra

Colorea la palabra.

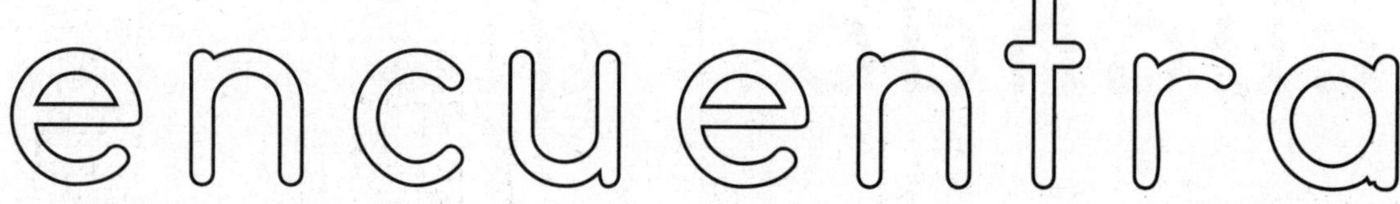

Encierra la palabra en un círculo.

cuando	cómo	encuentra
encuentra	cuando	cómo
cómo	encuentra	cuando

Nombre ______________________________

Identificar el sonido final

Puedes identificar el sonido final, que es con el que termina una palabra.

 Nombra las palabras.

Encierra en un círculo los dibujos que tienen el mismo sonido final que .

Nombre ______________________________

El dígrafo Ch ch

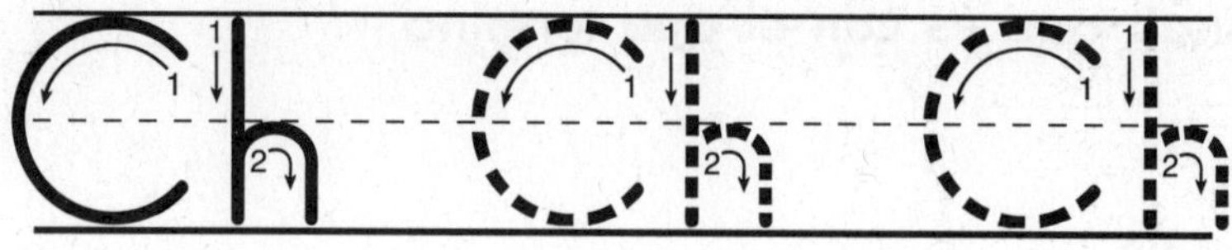

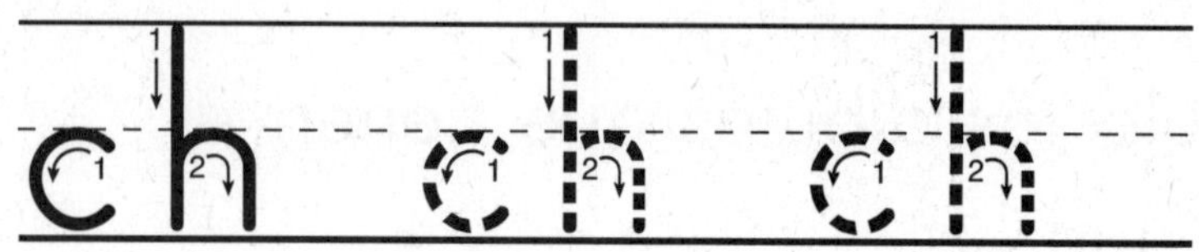

Escribe en mayúscula solo la primera letra.

Traza y escribe las palabras.

pichón

Chico

noche

Traza y escribe la oración.

Chet ama la noche.

Nombre ______________________

Sílabas con *ch*; sílabas *güe*, *güi*

Puedes escribir palabras si conoces los sonidos de las letras y los patrones silábicos comunes.

Escribe las palabras debajo de cada dibujo.

1. 

2. 

3. 

4. 

Comprueba y corrige las palabras.

Nombre ____

Lee y reconoce

Lee y reconoce estas palabras para ser un mejor lector.

Lee la palabra.	Colorea la palabra.
libro	libro
Lee la palabra.	Colorea la palabra.
nuevo	nuevo

Encierra las palabras en un círculo.

nuevo	libro	primero
libro	primero	nuevo
primero	nuevo	libro

Nombre ______________________________

Lee y reconoce

Lee y reconoce esta palabra para ser un mejor lector.

Lee la palabra.

primero

Colorea la palabra.

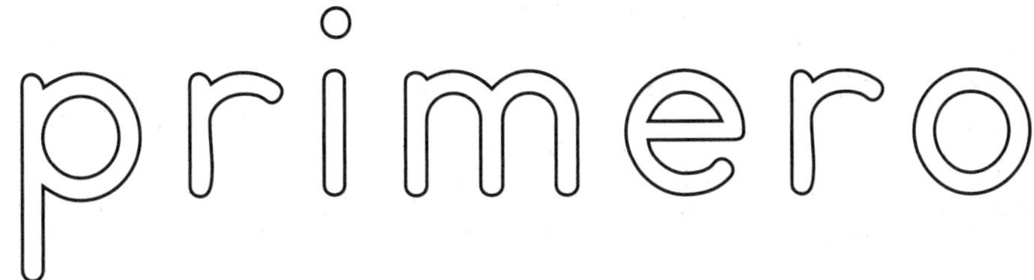

Encierra la palabra en un círculo.

nuevo	libro	primero
libro	primero	nuevo
primero	nuevo	libro

Nombre ______________________________

Formar nuevas palabras

Se pueden crear palabras nuevas manipulando sílabas.

Añade sílabas.

1. za + = ______________________

2. + che = ______________________

Elimina sílabas.

3. – dor = ______________________

4. – sol = ______________________

Cambia sílabas.

5. ~~pa~~ja ⟶ ce = ______________________

6. ~~ra~~yo ⟶ ho = ______________________

Nombre ______________________________

Segmentar sonidos

Puedes identificar los sonidos de las palabras y segmentarlos, o separarlos.

 Nombra las palabras y sepáralas en sonidos.

 Colorea un círculo por cada sonido.

○○○○○○ 10	○○○○○○
○○○○○○	○○○○○○
○○○○○○	○○○○○○

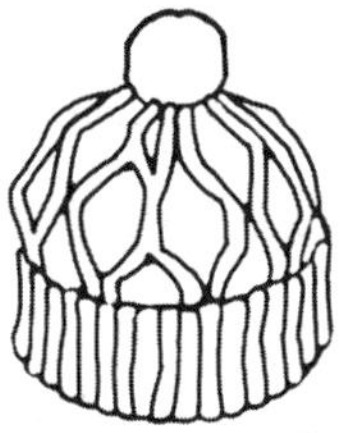

Nombre ______________________________

La letra Kk

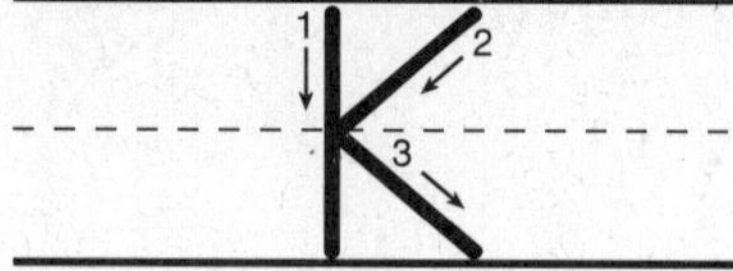

1. Empieza arriba. Baja en línea recta.
2. Vuelve arriba. Baja en diagonal hacia la izquierda.
3. Baja en diagonal hacia la derecha.

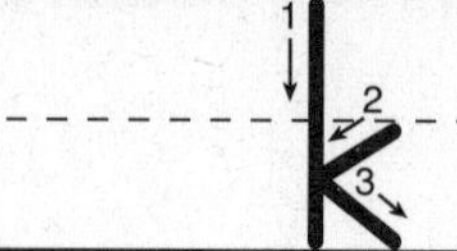

1. Empieza arriba. Baja en línea recta.
2. Párate en el medio. Baja en diagonal hacia la izquierda.
3. Baja en diagonal hacia la derecha.

kínder

 Traza y escribe las letras.

Encierra en un círculo la mejor.

K K K

k k k

Nombre ________________________

La letra Xx

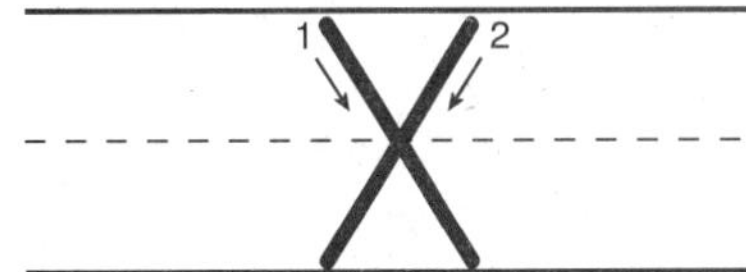

1. Empieza arriba. Baja en diagonal hacia la derecha.
2. Vuelve arriba. Baja en diagonal hacia la izquierda.

1. Empieza en el medio. Baja en diagonal hacia la derecha.
2. Párate en el medio. Baja en diagonal hacia la izquierda.

xilófono

Traza y escribe las letras.

Encierra en un círculo la mejor.

X X X

x x x

Nombre ______________________________

La letra Ww

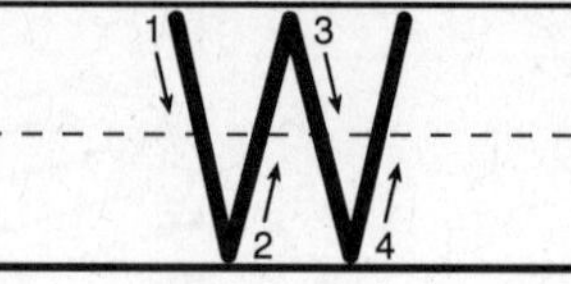

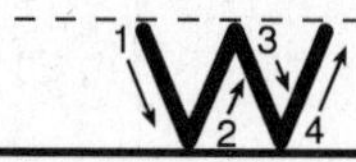

1. Empieza arriba. Baja en diagonal hacia la derecha.
2. Sube en diagonal hacia la derecha.
3. Baja en diagonal hacia la derecha.
4. Sube en diagonal hacia la derecha.

1. Empieza en el medio. Baja en diagonal hacia la derecha.
2. Sube en diagonal hacia la derecha.
3. Baja en diagonal hacia la derecha.
4. Sube en diagonal hacia la derecha.

wafle

 Traza y escribe las letras.

Encierra en un círculo la mejor.

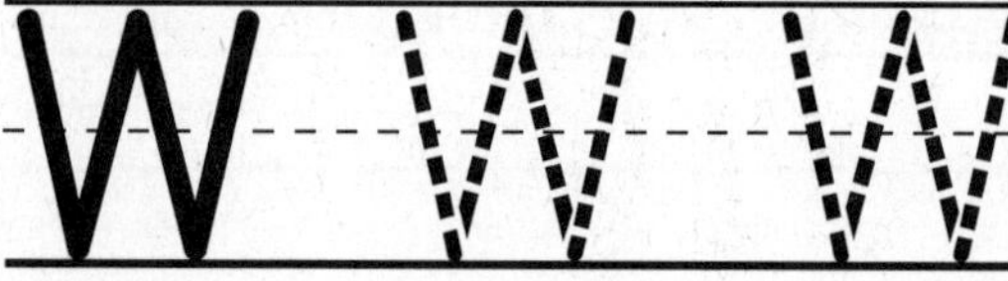

w w w

Nombre ______________________________

Lee y reconoce

Lee y reconoce estas palabras para ser un mejor lector.

Lee la palabra.	Colorea la palabra.
más	más
Lee la palabra.	Colorea la palabra.
música	música

Encierra las palabras en un círculo.

más	quienes	música
quienes	música	más
música	más	quienes

Nombre ____

Lee y reconoce

Lee y reconoce esta palabra para ser un mejor lector.

Lee la palabra.

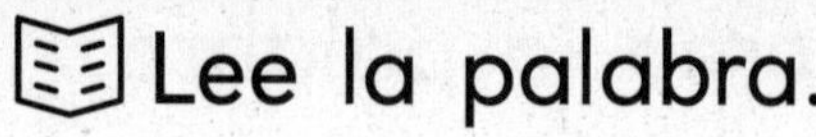

quienes

Colorea la palabra.

Encierra la palabra en un círculo.

más	quienes	música
quienes	música	más
música	más	quienes

Nombre ______________________

La letra Kk

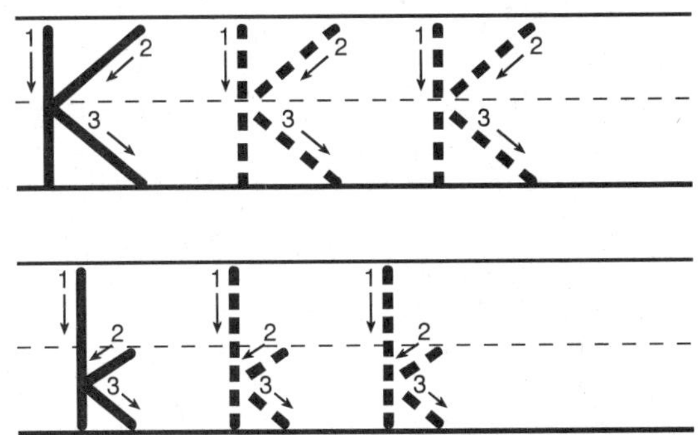

Haz bien tus diagonales para *k.*

Traza y escribe las palabras.

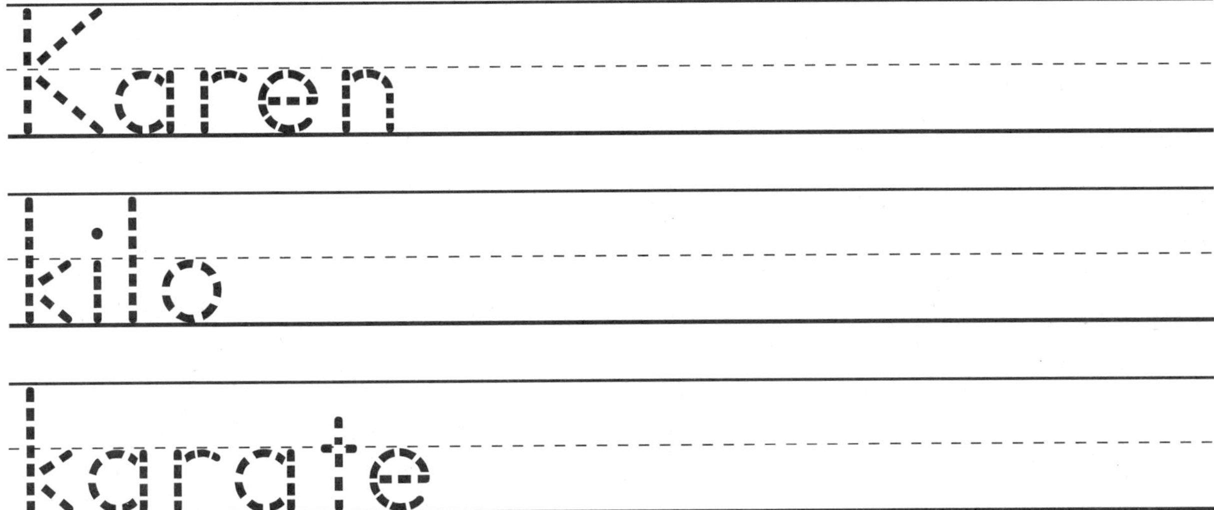

Traza y escribe la oración.

Nombre ______________________________

La letra Xx

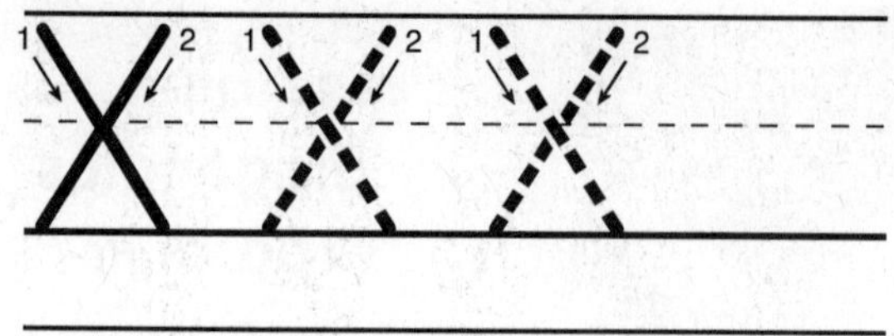

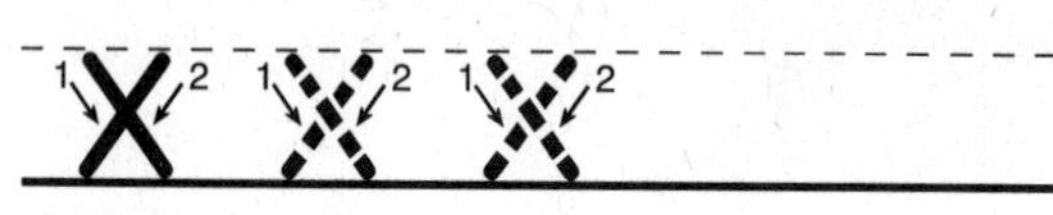

Mira que tus líneas se crucen en el medio para *x*.

Traza y escribe las palabras.

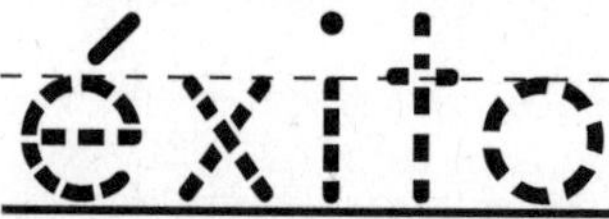

Traza y escribe la oración.

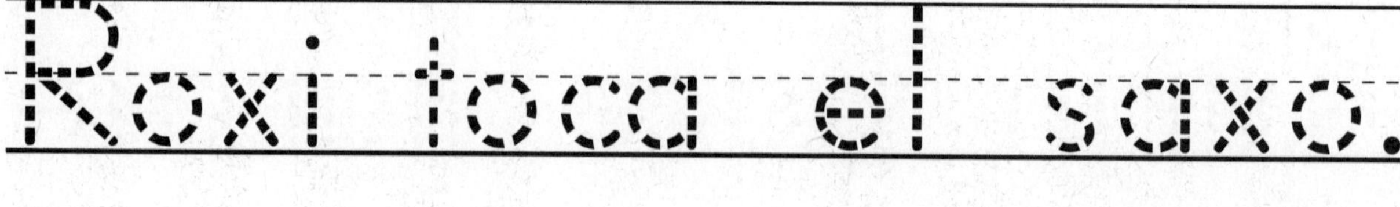

Nombre ______________________________

La letra Ww

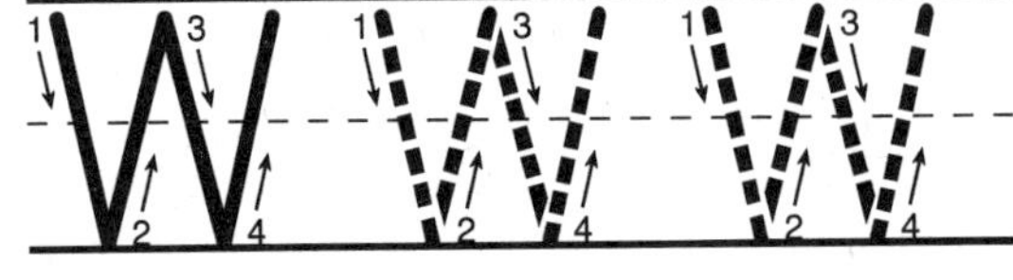

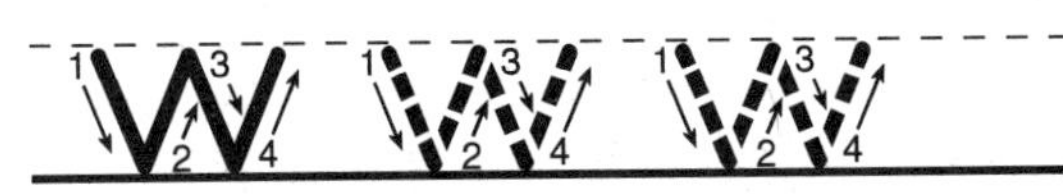

Traza todas las líneas en diagonal para *w.*

Traza y escribe las palabras.

Wado

Walter

kiwi

Traza y escribe la oración.

Wado come kiwi.

Nombre ______________________________

Combinar sonidos

Puedes combinar, o juntar, sonidos en sílabas para formar palabras.

Combina los sonidos que escuchas.

Encierra en un círculo la palabra.

1.
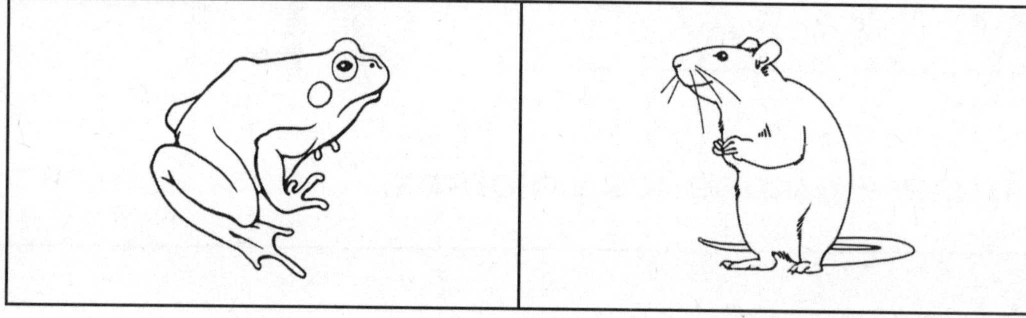

2.
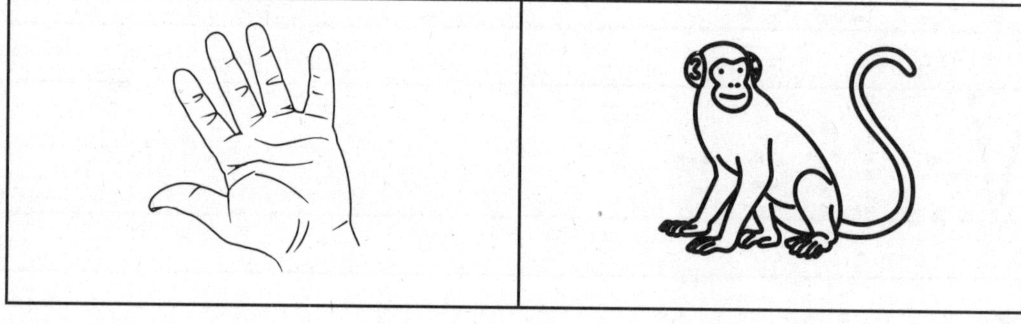

3.
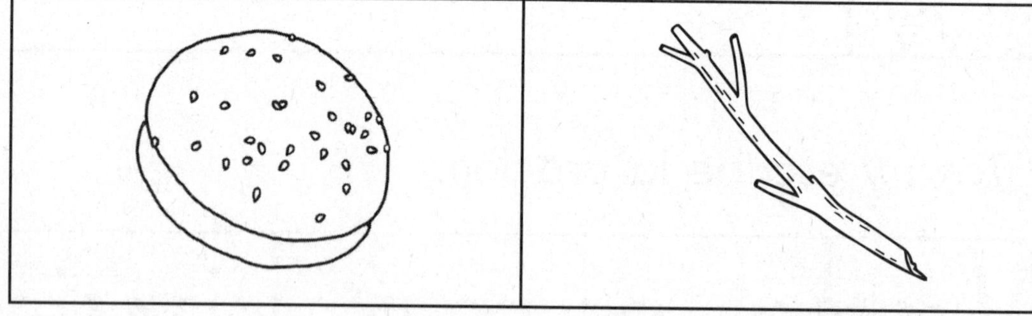

4.
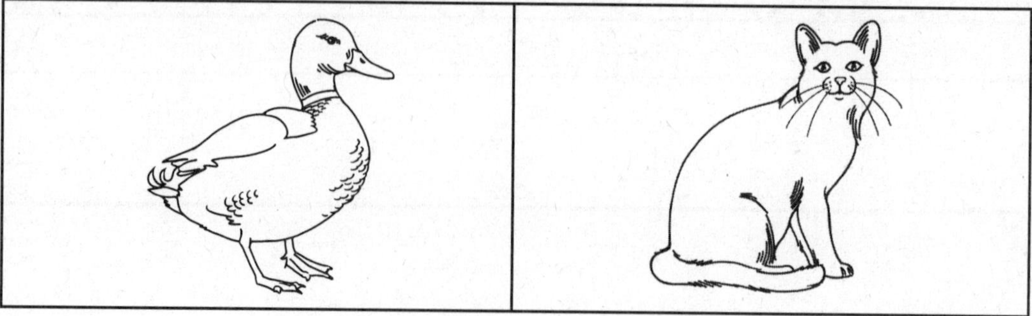

Nombre ______________________________

Sílabas con *k*, *x*, *w*

Puedes escribir palabras si conoces los sonidos de las letras y los patrones silábicos comunes.

Lee las palabras.

Escribe las palabras debajo del dibujo correcto.

kiwi	taxi	saxo	wafle

1.

____

2.

____

3.

____

4.

____

Nombre ______________________________

Lee y reconoce

Lee y reconoce estas palabras para ser un mejor lector.

Lee la palabra.	Colorea la palabra.
letra	letra
nombre	nombre

Encierra las palabras en un círculo.

letra	todo	todo
nombre	letra	nombre
todo	nombre	letra

Nombre ___________________________________

Lee y reconoce

Lee y reconoce esta palabra para ser un mejor lector.

Lee la palabra.

todo

Colorea la palabra.

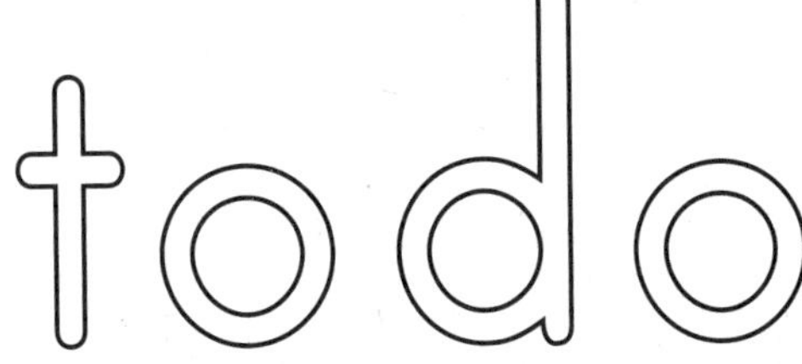

Encierra la palabra en un círculo.

letra	todo	todo
nombre	letra	nombre
todo	nombre	letra

Nombre ______________________________

Identificar sonidos inicial, medio y final

Puedes identificar los sonidos inicial, medio y final de las palabras.

Colorea los dibujos con el mismo sonido inicial.

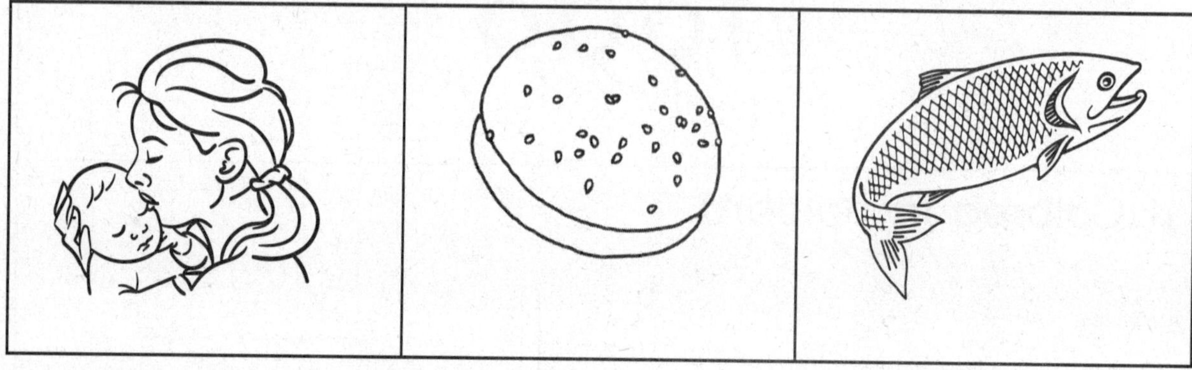

Colorea los dibujos con el mismo sonido medio.

Colorea los dibujos con el mismo sonido final.

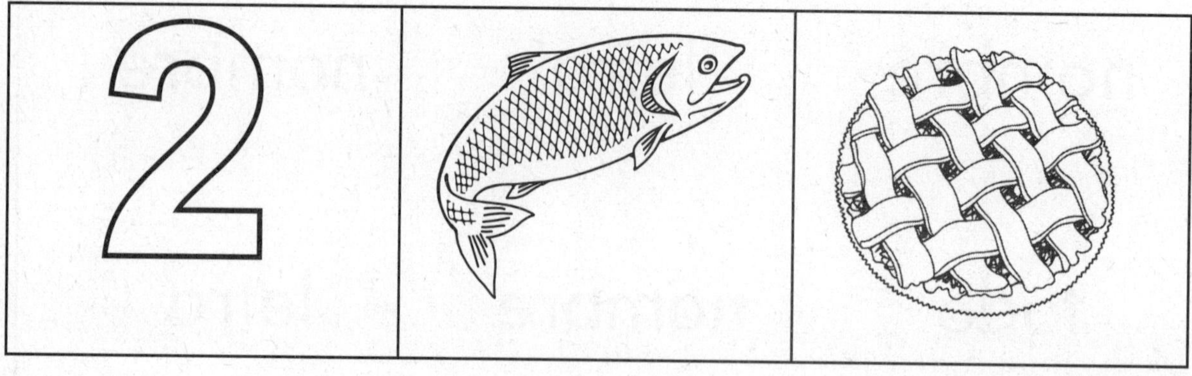

Nombre ______________________________

Las letras del abecedario

Las letras representan sonidos. Puedes identificar y relacionar los sonidos con las letras que los representan.

Conecta los dibujos con las consonantes de su nombre.

C

F

G

J

L

R

S

Nombre ______________________________

Completar palabras

Las letras representan sonidos. Puedes identificar y relacionar los sonidos con las letras que los representan para completar palabras.

Escribe una letra para completar el nombre del dibujo.

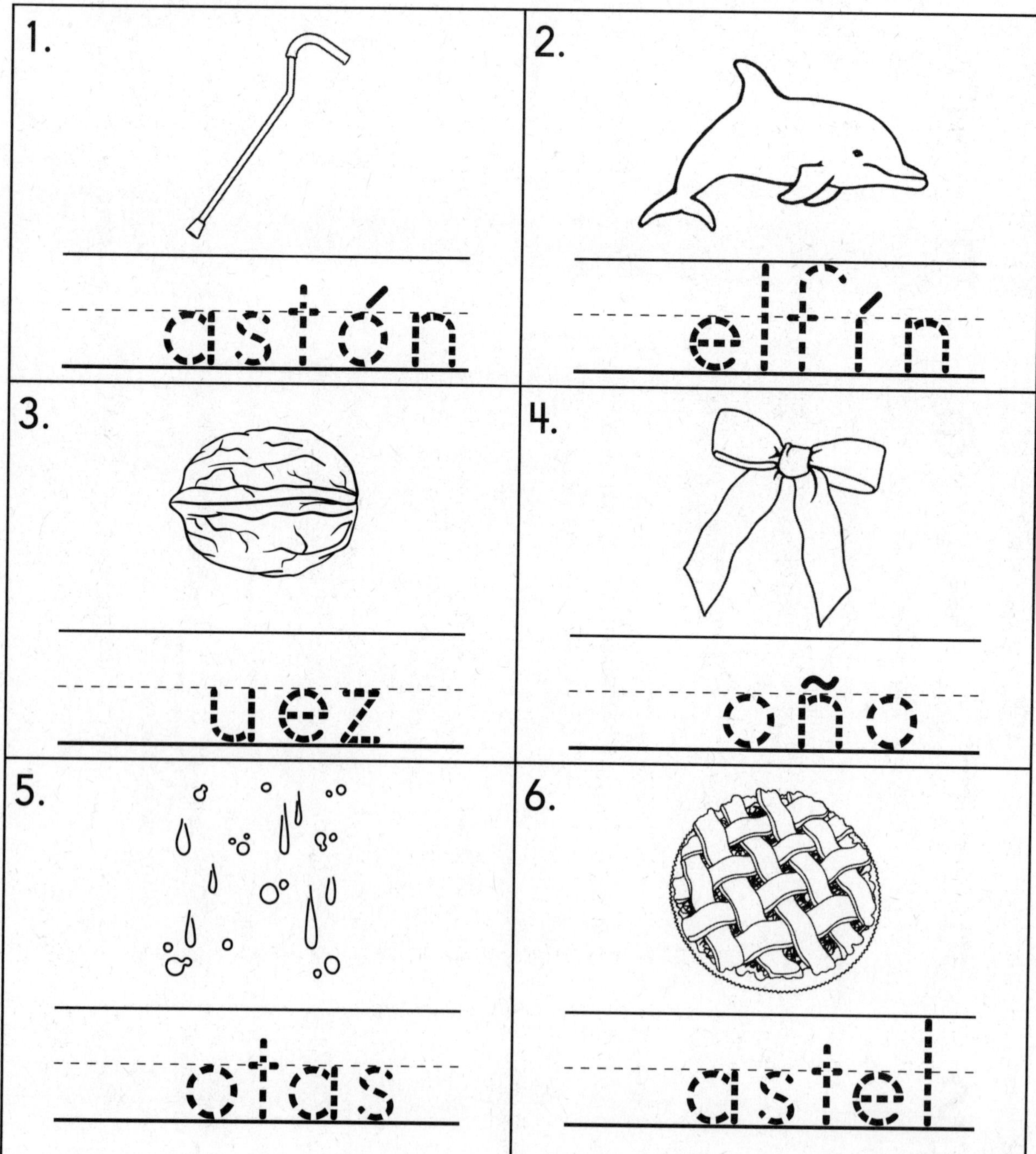

Nombre ______________________

El abecedario

Estas son las letras mayúsculas:

A B C ___ E F G ___

I J K L M N ___ O

P ___ ___ S T U ___ W

X ___ Z

Estas son las letras minúsculas:

a ___ ___ d e f ___ h i

j k l ___ n ñ o p q

r ___ t u v ___ x y ___

Nombre ______________________________

Lee y escribe

Leer y escribir estas palabras te hará un mejor lector.

Lee la palabra.	Lee la palabra.
crecer	material
Escribe la palabra.	Escribe la palabra.
Deletrea la palabra.	Deletrea la palabra.

Encierra las palabras en un círculo.

material	tierra	crecer
crecer	material	tierra
tierra	material	crecer

Nombre ________________________

Lee y escribe

Leer y escribir esta palabra te hará un mejor lector.

Lee la palabra.

tierra

Escribe la palabra.

Deletrea la palabra.

Encierra la palabra en un círculo.

crecer	tierra	material
tierra	material	crecer
material	tierra	crecer

Nombre ______________________________

Identificar sonidos inicial, medio y final

Puedes identificar los sonidos inicial, medio y final de las palabras.

Conecta los dibujos que tienen los mismos sonidos inicial, medio y final.

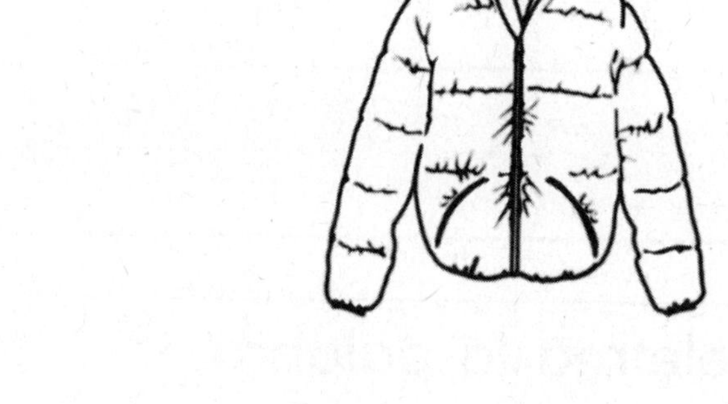

Nombre ______________________________

Clasificar palabras: Combinaciones *tr*, *br*

Las letras representan sonidos. Relacionar las letras con los sonidos te ayuda a leer y escribir. Recuerda que las combinaciones de consonantes como *tr*, *br* forman sílabas con las vocales.

Lee las palabras.

brócoli	postre	letra
trompo	libre	brazo

Escribe las palabras en la tabla según si la palabra tiene una sílaba con *br* o *tr*.

br	*tr*
______	______
______	______
______	______
______	______

Nombre ___________________________

Lee y escribe

Leer y escribir estas palabras te hará un mejor lector.

Lee la palabra.	Lee la palabra.
cosa	grupo
Escribe la palabra.	Escribe la palabra.
Deletrea la palabra.	Deletrea la palabra.

Encierra las palabras en un círculo.

tarea	grupo	cosa
grupo	cosa	tarea
tarea	grupo	cosa

Nombre ______________________________

Lee y escribe

Leer y escribir esta palabra te hará un mejor lector.

Lee la palabra.

tarea

Escribe la palabra.

Deletrea la palabra.

Encierra las palabras en un círculo.

tarea	grupo	cosa
cosa	tarea	grupo
grupo	cosa	tarea

Nombre ____________________

Combinar sonidos

Puedes combinar, o juntar, sonidos para formar sílabas y palabras.

 Combina los sonidos que escuchas.

Encierra en un círculo la palabra.

1.

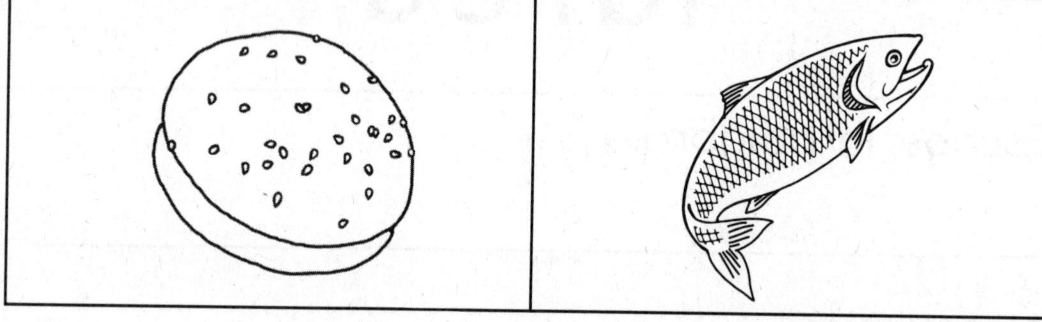

2.

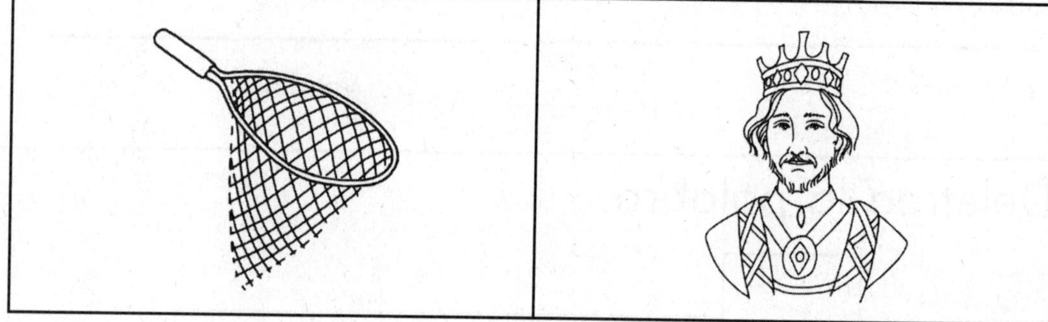

3.

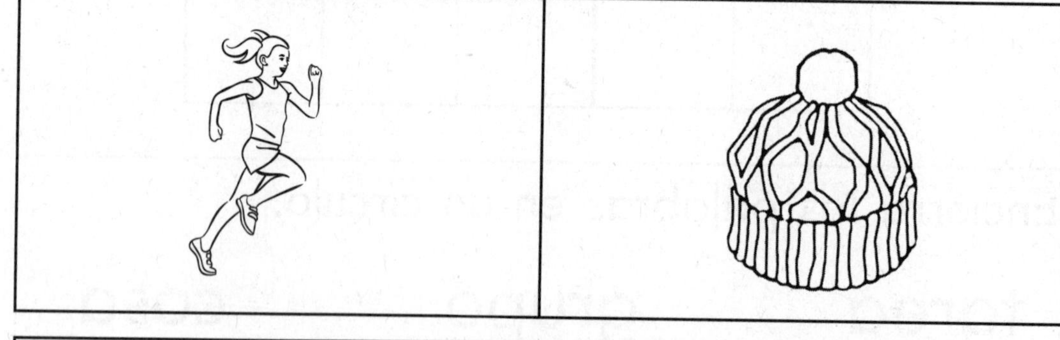

4.

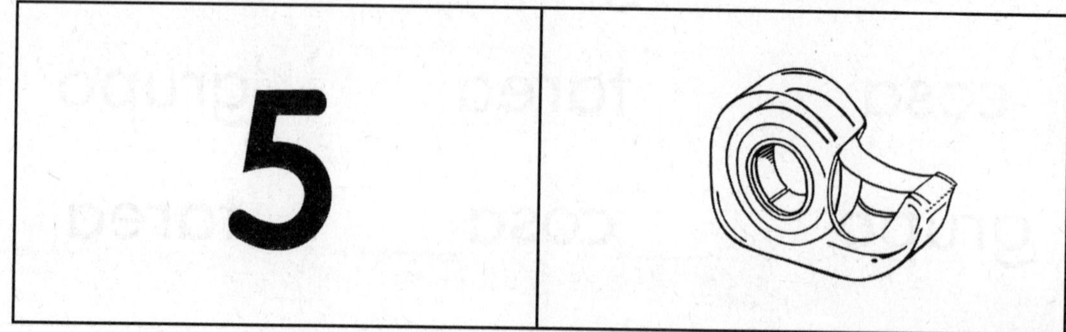

Nombre ____________________

Clasificar palabras: Combinaciones *gr*, *pr*

Relacionar las letras con los sonidos te ayuda a leer y escribir. Recuerda que las combinaciones de consonantes como *gr*, *pr* forman sílabas con las vocales.

Lee las palabras.

premio	siempre	gris
pregunta	tigre	logro

Escribe las palabras en la tabla.

gr	*pr*

Nombre ______________________

Lee y escribe

Leer y escribir estas palabras te hará un mejor lector.

Lee la palabra.	Lee la palabra.
clase	escribir
Escribe la palabra.	Escribe la palabra.
Deletrea la palabra. 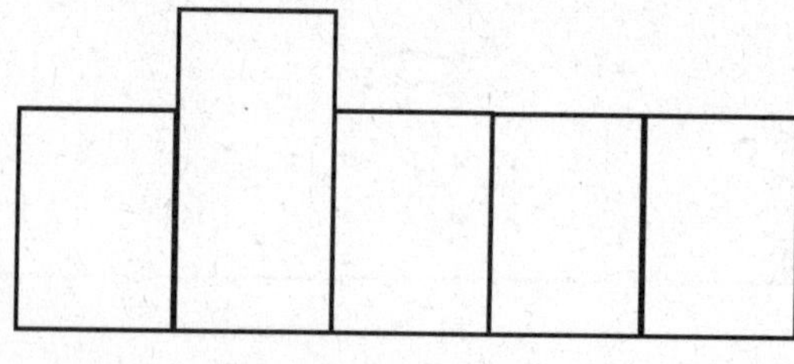	Deletrea la palabra. 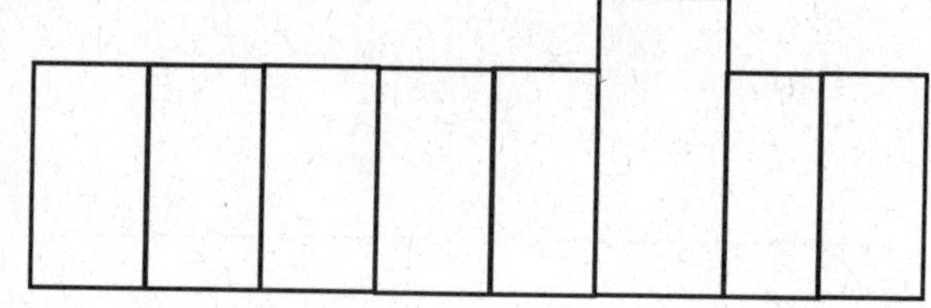

Encierra las palabras en un círculo.

pronto	escribir	clase
pronto	clase	escribir
clase	pronto	escribir

Nombre ______________________

Lee y escribe

Leer y escribir esta palabra te hará un mejor lector.

Lee la palabra.

pronto

Escribe la palabra.

Deletrea la palabra.

Encierra la palabra en un círculo.

clase	pronto	clase
pronto	clase	escribir
escribir	escribir	pronto

Nombre ____

Combinar sonidos

Los sonidos pueden combinarse para formar sílabas y palabras.

Combina los sonidos que escuchas.

Colorea la palabra.

1.

2.

3.

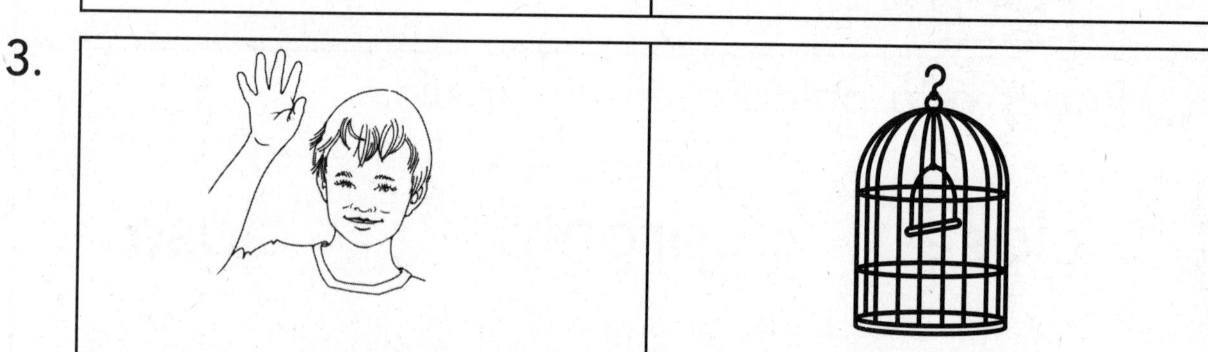

4.

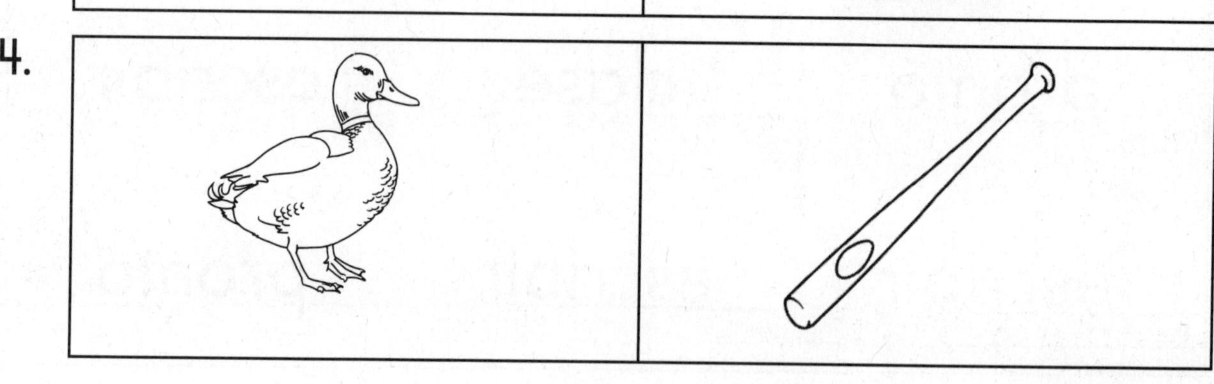

Nombre ______________________________

Clasificar palabras: Combinaciones *fr, cr, dr*

Relacionar las letras con los sonidos te ayuda a leer y escribir. Recuerda que las combinaciones de consonantes *fr, cr, dr* forman sílabas con las vocales.

Lee las palabras.

cofre	crayón	crema	cuadro	fresa
frío	madre	escribo	piedra	

Escribe las palabras en la tabla.

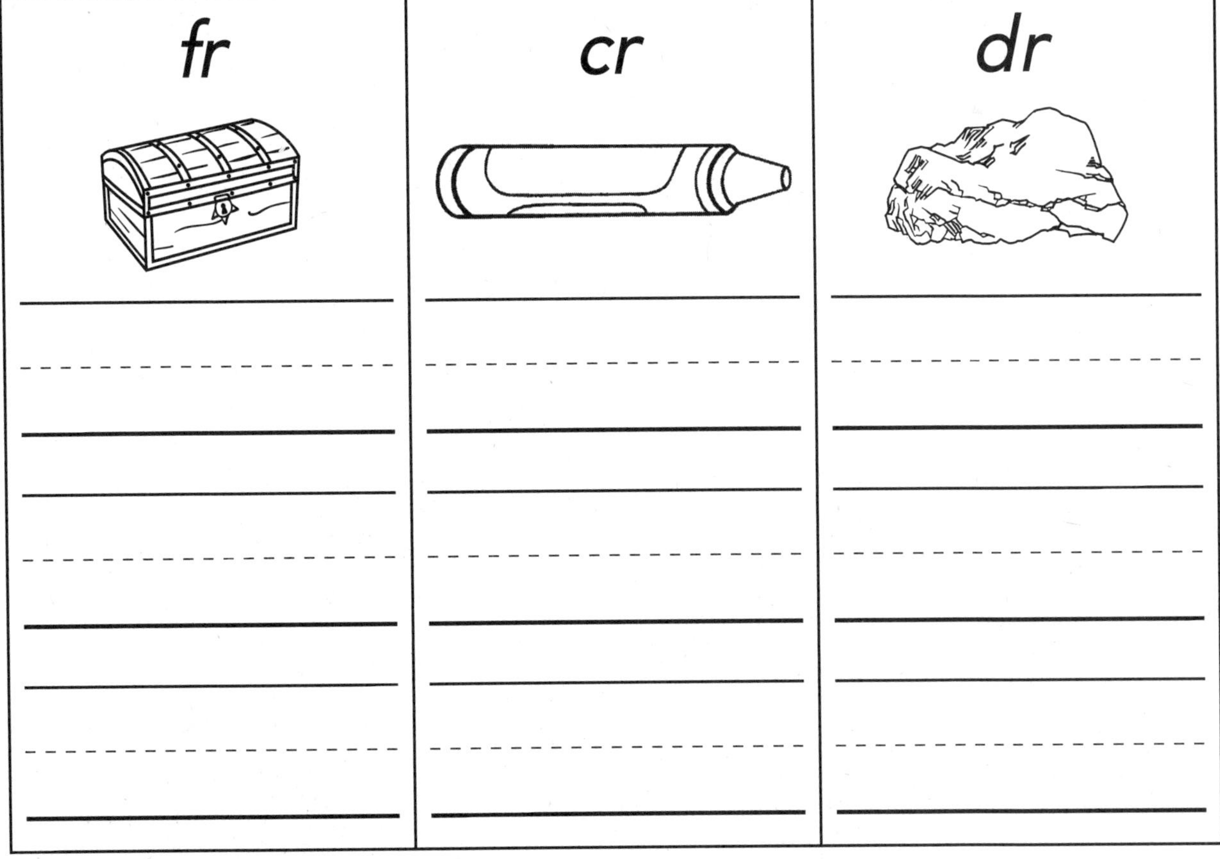

Nombre ______________________

Lee y escribe

Leer y escribir estas palabras te hará un mejor lector.

Lee la palabra.	Lee la palabra.
desde	ejemplo
Escribe la palabra.	Escribe la palabra.
Deletrea la palabra.	Deletrea la palabra.

Encierra las palabras en un círculo.

ejemplo	desde	hablar
desde	hablar	ejemplo
hablar	desde	ejemplo

Nombre ______________________

Lee y escribe

Leer y escribir esta palabra te hará un mejor lector.

Lee la palabra.

hablar

Escribe la palabra.

Deletrea la palabra.

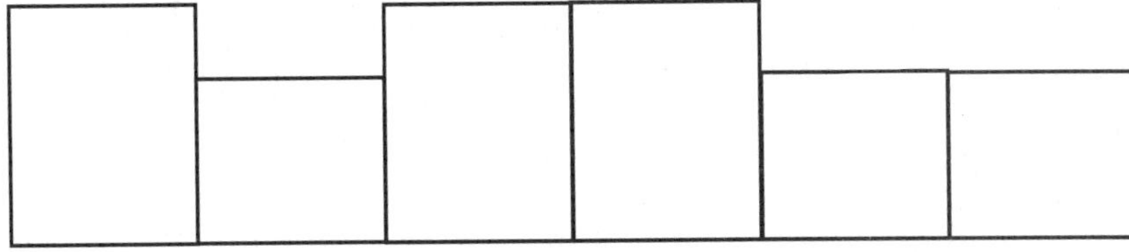

Encierra la palabra en un círculo.

desde	ejemplo	hablar
hablar	desde	ejemplo
ejemplo	hablar	desde

Nombre ______________________________

Clasificar palabras: Combinaciones *cl, bl*

Relacionar las letras con los sonidos te ayuda a leer y escribir. Recuerda que las combinaciones de consonantes como *cl, bl* forman sílabas con las vocales.

Lee las palabras.

clase	dobla	teclado
pueblo	blusa	clavo

Escribe las palabras en la tabla.

cl	*bl*

Nombre ____________________

Sustituir fonemas

Puedes cambiar el sonido de una palabra para formar una palabra nueva.

Escucha las oraciones. Escucha las indicaciones.

Colorea la palabra nueva.

1.

2.

3.

4.

Nombre ___________________________________

Lee y escribe

Leer y escribir estas palabras te hará un mejor lector.

Lee la palabra.	Lee la palabra.
completa	observa
Escribe la palabra.	Escribe la palabra.
Deletrea la palabra.	Deletrea la palabra.

Encierra las palabras en un círculo.

completa observa importante

observa importante completa

importante observa completa

Nombre ______________________________

Lee y escribe

Leer y escribir esta palabra te hará un mejor lector.

Lee la palabra.

importante

Escribe la palabra.

Deletrea la palabra.

Encierra la palabra en un círculo.

completa observa importante

observa completa importante

importante observa completa

Nombre ______________________________

Añadir fonemas

Puedes agregar un sonido a una palabra para formar una palabra nueva.

Conecta las palabras que se forman al agregar un fonema.

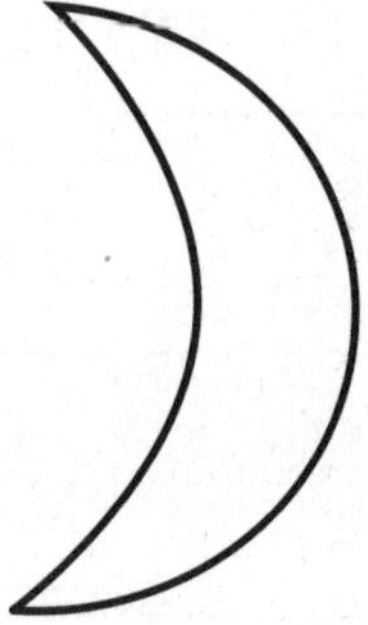

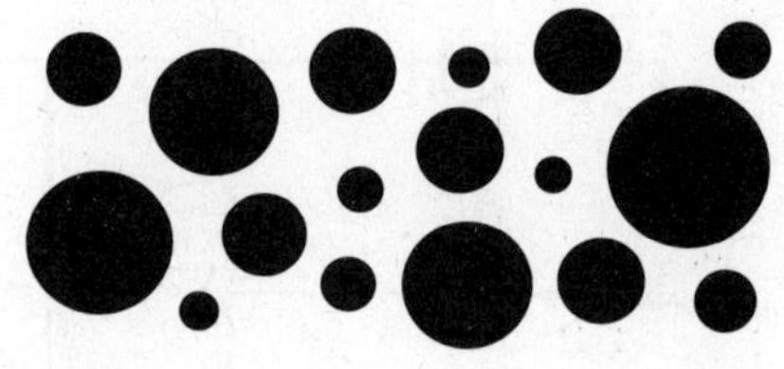

Nombre ______________________________

Clasificar palabras: Combinaciones *pl, fl, gl*

Relacionar las letras con los sonidos te ayuda a leer y escribir. Recuerda que las combinaciones de consonantes como *pl, fl, gl* forman sílabas con las vocales.

Lee las palabras.

flores	flecha	playa	regla	simple
pluma	infla	globo	inglés	

Escribe las palabras en la tabla.

pl	*fl*	*gl*

Nombre ____________________

Lee y escribe

Leer y escribir estas palabras te hará un mejor lector.

Lee la palabra.	Lee la palabra.
árboles	buscan
Escribe la palabra.	Escribe la palabra.
Deletrea la palabra.	Deletrea la palabra.

Encierra las palabras en un círculo.

buscan	guarda	árboles
guarda	árboles	buscan
árboles	buscan	guarda

Nombre ______________________________

Lee y escribe

Leer y escribir esta palabra te hará un mejor lector.

Lee la palabra.

guarda

Escribe la palabra.

Deletrea la palabra.

Encierra la palabra en un círculo.

árboles	guarda	buscan
guarda	árboles	buscan
buscan	árboles	guarda

Nombre ______________________________

Letras mayúsculas y minúsculas

La mayúscula y la minúscula de una misma letra representan el mismo sonido.

Conecta la letra mayúscula con la misma letra minúscula.

A	d
N	b
G	l
D	r
Q	g
B	e
E	a
R	n
L	q

Nombre ___________________________________

Sustituir fonemas

Puedes cambiar el sonido de una palabra para formar una palabra nueva.

Conecta las palabras que se forman cambiando un sonido.

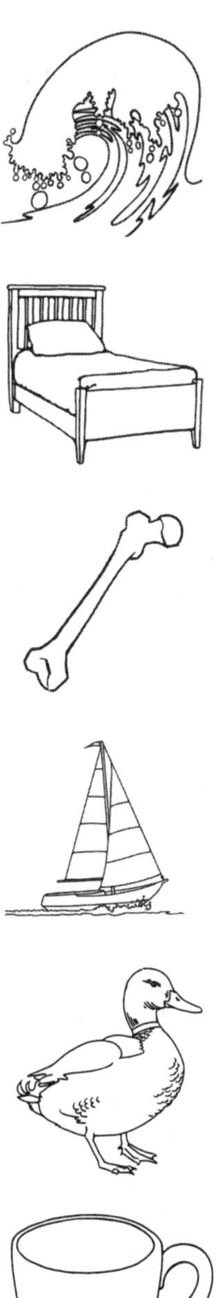